什麼是追隨者×什麼是追隨力×為什麼要追隨×究竟如何追隨

FOLLOWERSH

在領導之前

想要升遷，比起領導力
現在的你更需要追隨力

吳維庫 —— 著

領導學專家20多年的教學與研究精華，
為你揭示「追隨者」的真實心態與行為！

做好追隨者
因為領導力來自於追隨力

【方向】你正在為何而追隨？
【能力】你是否具備卓越的領導能力？
【價值】如何實現從追隨者走向領導者？

目錄

目錄

目錄

序一

我讀過許多關於企業領導力、執行力等方面的書，有時也會應邀在一些場合講授關於凝聚力、向心力和親和力的內容，之前根據自己多年擔任高階主管的經驗和體悟也寫過一些文章。目前市場上關於領導力方面的書籍大多是從領導者角度出發，可能也會講到如何提升領導者的自信心和領導力、如何獲得下屬的認同等知識。但吳維庫老師的這部《追隨力》讓我眼前一亮，它反其道而行之，視野新穎，從下屬的角度來論述如何開發領導力，真實而獨具匠心。

書中說追隨力就是與領導者保持一致的能力，並用火車電聯車原理闡明了追隨力的內涵。火車電聯車的車頭相當於領導者，主要是控制方向，而電聯車的每節車廂都自動發出動力，一列列車就這樣目標明確、風馳電掣般奔向目的地。這個比喻顛覆了「火車跑得快，全靠車頭帶」的傳統觀

序一

念。在當今環境下，跑得最快的列車其車頭與車廂都具有主動前進的動力，並且彼此保持高度和諧一致，在這個過程中共同實現自我價值。用高鐵電聯車原理來啟發員工的追隨力，打造高鐵電聯車式的團隊，是一個非常恰當的比喻。

傳統領導力的開發自上而下，本書提出領導力的開發則是自下而上。傳統領導力、執行力開發會使得上司變得強勢，下屬產生壓力。而追隨力開發由於下屬內生出動力，由被動變為主動，壓力會自動消失，並且執行力也會上升，這有利於構建和諧幸福的企業文化。

吳維庫老師的這本書不算厚，語言淺顯易懂，邏輯脈絡清晰，主題鮮明，裡面大大小小的故事充滿哲理，讓人有種豁然開朗的感覺。書中將大智慧和小哲理巧妙結合，把古今中外的哲理故事糅合，一切都是為了更準確闡述本書的核心——追隨力。任何企業不僅需要優秀的領導，還需要優秀的追隨者，但追隨者不是一般的下屬，而是積極主動做事、有追隨力的下屬。《孫子兵法》中說：「上下同欲者勝」，「上」就是指領導者，

「下」就是指「追隨者」，大家有共同的價值觀和目標，最終事業才能取得成功。追隨者不是阿諛奉承、溜鬚拍馬的人，而是充滿正能量，與領導者志同道合、同心同德、有共同使命和價值觀的人。

儒家倡導「忠君愛民」的思想，這種思想如果延伸到企業中，那就是「忠誠於領導者」和「愛護員工」，兩者相輔相成。企業是由人構成的組織，如果沒有員工的忠誠，任何領導者將不會成為真正的領導者。同樣，如果缺少對員工的愛護，任何領導者都不會擁有真正忠誠的員工。如果員工沒有與領導者真誠相待，其也就沒有了領導。領導和員工間具有「心相印、手相牽」的堅強意志，這對參與高度市場競爭的企業來說，尤為重要。「士為知己者死」，這也許就是對追隨者的極致描述。

迄今為止，研究企業如何煥發活力和強化動力的著作汗牛充棟，但《追隨力》這本書為我們打開了研究組織動力學一扇嶄新的大門。什麼樣的人才能真正稱得上是員工的領導者？讓人心甘情願追隨的領導者又是怎樣的？領導者怎樣才能有更多的追隨者？領導者怎樣才能使追隨者產生正

序一

向的追隨力？領導者怎樣才能讓追隨者滿懷信心、竭盡全力實現共同目標？相信讀者在這本書中定能找到這些問題的答案。

本書有助於人們在職場中充滿正能量，幫助新員工順利適應職場環境，使領導者和下屬愉快共事，化解浮躁的心態，腳踏實地面對問題，最終實現策略。員工也會在追隨的過程中成就企業，成就領導者，成就自己。最後，感謝吳維庫教授深刻與卓越的智慧奉獻。

宋志平　博士

序二

追隨力：領導力締造的新視野

追隨現象無處不在：月亮追隨地球，彩雲追隨月亮；向日葵追隨太陽，蜜蜂追隨向日葵；溪水追隨小河，小河追隨山川。追隨者與領導者，在追隨的過程中彼此成就。領導者由於有人追隨而具備影響力，追隨者由於有人領導而獲得成長。但在現實生活中，由於領導者有著更耀眼的光環，往往會成為各種場合關注的焦點。在管理學的長期研究過程中，絕大部分的研究者把研究對象聚焦於領導者，關注領導力；很少有人去研究追隨者，關注追隨力。但本書另闢蹊徑，研究追隨力的本質、追隨力的源頭，以及追隨者如何提升追隨力並最終超越追隨力。這也反映出本書作者的一種樸素的自然哲學觀：每一個個體的成長都要經歷從小到大、由弱到

序二

強、從追隨者到領導者的基本邏輯過程。可以說，追隨是過程，領導是結果。研究追隨力，其實就是研究領導力的形成過程。

從現代組織理論的視野看，組織中的個體具有雙重身分：既是領導者，也是追隨者；既是管理者，也是被管理者；既是管理的主體，也是管理的客體。與領導者和領導力的研究相比，追隨者和追隨力的研究更具有一般性。這是由於在正式組織中，上級是領導者，下屬是追隨者。但在非正式組織中，由於缺乏組織規定的上下級關係，只有內部自然形成的領導者與追隨者。因此，「追隨者」不僅來自下屬，而且可能是組織中的任一成員（甚至包括上級），還可能是組織外的人。哈佛大學教授Barbara Kellerman將追隨者分為孤立者、旁觀者、參與者、進取者和鐵桿者五類。Blackshear與Patsy Baker提出的追隨力連續統一體（The Followership Continuum）理論也指出了下屬成為追隨者的五個層次：雇員、有承諾的追隨者、主動參與的追隨者、有效的追隨者和模範的追隨者。領導者與追隨者都是理性人，都是能夠進行判斷和推理的人。理性人的活動必然帶有自己的動機和目的。就下屬的追隨而言，柯林森（David

Collinson）曾列出五種動機：遵從領導者在社會中的正式職位而產生的追隨；為了達到個體的某種目的而產生的追隨；向上級或者領導者尋求安全庇護而產生的追隨；由於害怕混亂，需要由上級提供秩序保障而產生的追隨；透過認同有魅力的、強大的領導以提升自尊而產生的追隨。這些研究表明，追隨者有著很多的類別。不同類別的追隨者，由於其動機和層次不同，其相應的追隨力也必然有所差異。

從傳統文化的視野來看，《周易》中的「隨」和「蠱」二字，道出了「追隨者」與「領導者」的關係。「隨」就是追隨者的形象，「蠱」就是被追隨者的形象。「隨」是人生之大事，「隨」可以影響人的一生：隨對了，前途廣闊，事業有成；隨錯了，前途黯淡，事業無成，甚至沒有回頭路。古人講「隨之有道」，首先，「隨」應是大局之隨、正道之隨、信仰之隨、忠誠之隨，這是君子之隨。避難隨易、避害隨利，這是常人之隨，也可能是小人之隨。其次，「隨」又是複雜且艱難的選擇，有時明知凶險也要隨之，有時明知吉利而棄之不隨。這也就是我們現在講的政治意識、大局意識和看齊意識。古人又講「隨必有蠱」，這是說：如果一個人只是盲目追隨前者、一切都照師傅教的辦，遇到新問題不能舉一反三解決，就會成為木頭腦袋，木頭腦袋裡長滿了蟲子，則危及生命智慧和發展能力。只有除掉腦中的蟲子，頭腦才會開竅，從而獲得創新的智慧和能力。聰明的學徒追隨師傅，而後成為了更高明的師傅；小孩子追隨父母師長，逐漸使自己也成了被追隨的人。因此，優秀的追隨者不僅僅是按照領導意見和指令辦事的下屬，而且是主動的、積極的、具有創造力的下屬。追隨力的終極目標是構建卓越領導力。透過提升追隨力形成領導力，既是追隨力理論提出的目標，也是其實踐層面的終點。

作為領導力研究領域的代表性人物，吳維庫教授先後出版的代表作品有：《陽光心態》、《情商與領導力》、《基於價值觀的領導》。它們是締造卓越領導力的三部曲，分別從主體與本體、主體與客體、主體與企業三個層面闡釋了如何有效塑造卓越領導力。這三部著作自出版後，先後數次再版，得到了廣泛的市場認同和讚譽。近年來，吳維庫教授轉向了對追隨力的研究，這不僅是他在對管理實踐深入了解和認知後，對領導力研究領域的拓展，也必將進一步確立他在領導力研究方面的領先地位。我相信，隨著研究的不斷深入，吳教授的追隨力理論體系將會進一步深化與完善，邏輯結構也將愈加清晰。在攻讀碩士研究所期間，我有幸師從吳維庫教授。作為學生，我不僅一直受益於吳老師的領導力理論，同時也是吳老師的忠實追隨者。雖然本書的第三篇明確提出，作為追隨者，應該把超越追隨力作為終極目標，作為嫡傳弟子，我也應有青出於藍而勝於藍的野心，但吳老師作為領導力研究領域的權威學者，無論是在理論研究層面，還是在實踐應用層面，於我而言，他總是「一直被追隨，從未被超越」。

劉益　教授

前言

太多的人喜歡做領導者，卻忽略了一個重要的事實：追隨者成就領導者，領導者來源於追隨者；追隨力催生領導力，領導力來源於追隨力。沒有追隨者的領導者是個「空頭司令」，無法形成領導氛圍。有人喜歡成為領導者是因為其可以對別人發號施令、享受權力與榮譽，以至於許多人都在全力以赴研究領導力、學習領導力、培養領導力，目標是讓自己成為領導者。但是學習了領導力以後，他們卻獲得了一些「特質」：看誰都像下屬，對誰都想施加影響，變得比較強勢，容易咄咄逼人、以勢壓人。所謂作用力等於反作用力，你對別人強勢，別人也以強勢回應。如果下屬用領導力壓制了上司，則不利於自己的晉升，因為領導者提拔的是要做自己左膀右臂的人，而不是箝制自己的人。

人的左膀右臂與頭腦是什麼樣的互動關係呢？頭腦透過發出資訊來

指揮手腳，手腳要不折不扣地執行頭腦發來的指令，對頭腦要忠心耿耿，故手腳對頭腦來說要恪守一個「忠」字。頭腦要愛護好手腳，不要令其受傷，頭腦對手腳要有大愛之心，故頭腦對手腳來講，要恪守一個「恕」字。

如果領導者為「頭」，下屬為「手腳」，則「頭」與「手腳」的關係可以比喻為上下級的關係。《論語》中的治國方略「君君、臣臣、父父、子子」，是要求每個人把自己該做的工作做到最好，把自己該扮演的角色演好，這樣的上下級關係就是和諧的領導者與追隨者的關係。

領導者居上位，屬於陽；下屬居下位，屬於陰。如果下屬強勢，則屬於陰盛陽衰；如果領導強勢，則陽盛陰衰。如果一方只強調了自己而忽略了另外一方，則相當於只有陽沒有陰，或者只有陰沒有陽。孤陰不長，獨陽不生，陰陽和合才能化生萬物。上下級關係不和諧就是陰陽不平衡，不利於企業目標的實現。陰陽平衡的上下級關係就是領導者與追隨者的關係。

前言

為什麼有些人難以被領導？因為他們學習和鍛鍊的都是領導力。他們願意領導別人，卻不願意接受別人的領導，令上司難以捉摸。許多人沒有培養出擔任管理者的素養和能力，卻要擔當管理者；沒有累積足夠解決問題的經驗，卻要居高位去解決更多人的問題，也就是說他們沒有領導能力卻還想當領導者。

解決這個問題的辦法就是：做好追隨者，因為領導力來源於追隨力。

當領導者之前先當追隨者，就如同做父親之前要先做兒子，從任何一個高階主管者的履歷中都可以發現這一點。追隨者是與領導者有同樣目標和價值觀的人，因此積極主動做事，把上級的事情當作自己的事情。在成就領導者的同時，也成就了自己和企業。追隨者要有追隨者的心態，才會產生追隨者的行為。人人都是追隨者，追隨領導者是因為領導者是橋梁，可以幫助自己到達彼岸。人因為有所追求才會偉大，因為有追隨力才活得豁達。

筆者在二十多年教學與研究領導力的基礎之上，寫出本拙著，目的是揭示追隨者的心態與行為，回答什麼是追隨者，什麼是追隨力，為什麼要追隨，如何追隨，追隨最終的目標是什麼等問題。只有塑造出和諧的追隨者與領導者的關係，打造幸福企業，才能篤行致遠，最終達到最美好的企業與社會狀態。若本書有描述不到位的地方，懇請讀者批評指正。

作者

第一篇　認識追隨力——看透實質

- 追隨的實質是實現自我心中的夢想。
- 追隨的動力是享受過程。
- 別把自己看太重。落葉因為沒有把自己看得太重，所以才能夠被小河帶走，而看到更多的風景。

「火車跑得快，全靠車頭帶」是蒸汽機時代的規則；高鐵列車依靠車廂自己主動前行，是電力機車時代的法則。主動前行就是追隨者的行為。追隨者是與領導者有共同目標和價值觀的人，追隨力是其積極主動的意願。有追隨力就可以打造高績效的團隊。下屬的追隨力促使上司提升自己的個人魅力和領導力。追隨的實質是實現自我心中的夢想。追隨的動力是讓自己前進，在追隨的過程中培養核心能力，不斷提升自我價值。

第一章　追隨力的本質

第一節　高鐵電聯車式追隨

一、靠車頭帶的火車跑不快

「火車跑得快，全靠車頭帶」，蒸汽機和內燃機驅動的火車，是由車頭牽引車廂前進的，動力完全由車頭產生。第一代火車頭是將蒸汽機作為動力，第二代火車頭是將內燃機作為動力。由車頭提供動力的火車，當所拖掛的車廂過多或在上坡時，一個車頭就可能動力不足，此時還需要增加另一個車頭，於是便出現了雙車頭。由於這種傳統式火車完全依靠車頭提供動力，在一定程度上限制了其運行速度。

隨著時代的發展與科技的進步，一種不依靠車頭帶動、車廂自己運行的高鐵電聯車應運而生。高鐵電聯車的車頭沒有動力，高鐵運行的動力由車廂發出。這種交通工具顛覆了傳統的觀念，從而產生了「火車跑得快，要靠車廂自己帶」的創新思維。由此可見，在企業發展中：領導者的角色定位發生了變化，員工的角色職能也在發生著改變。因此，在企業中管理團隊和企業的方法需要由新的理念來代替，而「高鐵電聯車式的追隨」給予了我們深刻的啟示。

二、列車的車頭與車廂的特質

依據高鐵電聯車原理，可以提出構建企業領導力與追隨力模型。如果說企業的領導者是列車的車頭，核心員工即追隨者，就是電聯車的列車，一般員工是電聯車的拖車。領導者可以透過培養出更多有動力的核心員工來提升企業的效率。

高鐵電聯車是由多個車廂組合在一起的，其車廂有兩種：一種有動力，可

第一節　高鐵電聯車式追隨

以主動前行，叫列車；一種沒有動力，被動前行，叫拖車。根據車輛運行速度的要求，一列電聯車內的列車（有動力的車輛）和拖車（沒有動力的車輛）的數量各有不同。以一列八節編組的高鐵電聯車為例，如果最高運行速度為每小時兩百五十公里，則採取四動四拖的組合方式；如果最高運行速度為每小時三百五十公里，則採用六動二拖的組合。也就是說，要想達到更快的運行速度，高鐵電聯車中列車的數量就必須增加。

電聯車兩端的車頭與中間的車廂也有明顯的區別。從外觀上看，車頭是流線型的，可以有效減小車體運行阻力。從車輛內部格局上看，車頭有駕駛室，內設操作臺，以控制列車前進、加速、減速、停車等，同時還設了與地面調度中心聯繫的各種通訊設備和保證列車安全運行的相關設備。正是有了這些設備，司機才能及時、準確了解列車運行的目的地和當前允許的最高運行速度，保證列車快速、高效、安全運行。車頭的這些功能實際上是為車廂提供服務，使車廂安全、穩健、高速運行在軌道上。由於有大量的通訊設備存在，為了避免電磁干擾，車頭一般不分配動力，因為如果車頭分配動力，電機運轉會產生很強的電磁干擾，影響通訊設備的正常運行。無論是車頭、動力車廂、拖車車廂，都有剎車裝置。

高鐵電聯車有如下幾個特點：車頭為流線型，有通訊設備與外界保持聯繫，通訊設備能夠對整個電聯車發出信號，控制其速度；車頭運行在軌道上，但沒有動力，並且它在車廂的前面；車廂有的有動力，有的沒有動力，車速越高，則有動力的車廂就越多；車廂與車頭保持同步，各車廂之間也保持同步；車廂都有剎車，且運行在軌道上，在車頭之後；各車廂的形狀一致；車頭和車廂速度一致，到達的目的地一致。

三、列車車頭式領導——新型的領導者

傳統的企業組織結構就像是傳統火車，完全由車頭來帶動，很難達到較高的運行速度，啟動慢、加速難，停車、減速也難。高鐵電聯車式企業的領導就像高鐵電聯車的車頭，而企業的員工就像車廂。在這個網路時代，各個產業的進入壁壘急遽減少，任何人在任何時刻、任何地方都可以任何速度無差異進入任何產業，早期進入者會因為有先動優勢而獲得相對有利的地位，所以速度是

第一節　高鐵電聯車式追隨

網路時代競爭優勢的來源。作為企業領導者，其理念要從傳統的自己帶頭轉變成讓員工帶頭，同時要讓企業從「火車頭帶動式企業」轉型為「車廂推動式和自動式企業」。新型的企業組織結構就像是高鐵電聯車，企業的領導就像是電聯車的車頭，必須具有開拓精神和策略眼光，為員工提供服務。因此，領導者的領導角色應該從管理者轉變為服務者，其領導風格也要轉型為服務型風格，甚至是僕人型風格。領導者一般不承擔具體任務，就如同高鐵電聯車的車頭不配置動力。領導者要把握的是企業的策略方向、任務目標及企業發展的速度，關照好員工的需求，讓員工充分發揮其能力。如果將精力過多地放在具體的任務上，領導者就會被具體任務消耗精力，就可能把握不準企業的策略方向，控制不好企業的發展速度，從而影響企業的發展。

高階主管要有閒，中階主管要有權，業務要有能，參謀要有賢。

過去，領導者必須要比下屬聰明，但是今天不同。網路時代和新生代員工兩大因素，共同決定了員工會比領導者更聰明，其學習力、知識整合力及創新能力也更強。新生代員工創造力強，但是既缺領導力又缺追隨力，他們擅長做事而不善於協調別人做事；他們可以是引擎，但是需要別人幫助他們把動力傳遞出去。儘管他們很有能力，但還是零件。而領導者是將零件組裝成機器的人，應該要有高鐵電聯車式的思維。企業領導者要讀萬卷書、行萬里路、閱人無數、知識淵博，在確定方向的時候，應採用民主型的決策機制，讓各領域的菁英充分發表意見，最後形成反映群體意志和有競爭力的決策。在執行決策時，領導者應充分調動大家的積極性，做出目標一致的努力，塑造出有能力的追隨者。

四、列車式員工

高鐵電聯車的車廂分為兩類：列車和拖車。可將員工比喻成高鐵的車廂，評價員工的指標有兩個：能力和價值觀。作為員工，根據其個人的能力和價值觀與企業的匹配度，可以分為推動企業發展的員工和跟隨企業發展的員工，即核心員工和一般員工。核心員工就如同高鐵電聯車的列車，其能力符合甚至超過企業的要求，價值觀與企業高度一致，有足夠的自我發展動力，能夠完成自己的任務並推動企業發展，具有極高的主觀能動性和極強的創新能力。一般員工跟隨企業發展，就如同高鐵電聯車的拖車，價值觀符合要求，能力也符合要求，能夠完美地完成公司安排的任務，但主動創造力不足，工作具有被動性。

企業想要快速發展，需要有足夠能推動企業發展的員工，即核心員工。

第一節　高鐵電聯車式追隨

企業是人才構成的組織。人才是指適合企業職位要求的人。有了人才，就要做事，有人主動做事，有人跟著別人做事。在高速發展的組織中，主動做事的人類似於「列車」，被動地跟著做事的人類似於「拖車」。作為高鐵電聯車「車頭」的領導者，要能夠安排好「列車」並且重點為「列車」提供服務，同時協調好各個車廂保持一致，達到和諧。

作為「列車」的員工要注意，儘管自己很重要，但是不要忘記自己的身分，就如同引擎再有能力也只是整個機器的零件。也就是說，核心員工雖然貢獻很大，但仍是追隨者，不能驕傲自滿，否則將引發不和諧，導致大家的價值都不能實現。正所謂「傲不可長，欲不可縱，志不可滿，樂不可極」。陽光心態可以調整人的情緒，讓大家快樂地生活，並且高效完成工作，滿意存在於這個高速運行的企業中，在群體和諧的氛圍裡實現自我價值。這種狀態就叫「列車式追隨」。

五、高鐵電聯車步調高度一致——強大的執行力

電聯車車頭要保證所有的列車完全同步，同時輸出相同的動力。為了保證電聯車能夠及時、平穩、安全地停下來，其車頭、車尾、列車和拖車須同時輸出制動。車頭要控制使電聯車各部分同步的資訊網路，其資訊傳遞必須及時、準確、有效，保證任何問題都能及時反映到控制臺並得到處理。

傳統的以火車頭驅動的列車，後續列車的牽引是透過車鉤逐節傳遞的。當列車需要制動時，也是透過列車之間的風管逐節傳遞，其傳遞的時效性較差，牽引、制動都不同步。

用高鐵列車理念打造的企業，是價值觀相同的人聚集並共贏的平臺。領導者以明晰的價值觀凝聚志同道合的人，所以領導者的思想就能快速、準確傳遞給每一位員工，企業就能更準確貫徹領導的策略意圖，從而具有高度的執行力。如果像傳統列車那樣逐級傳遞，時效性會較差，領導的思想在傳遞的過程

中也會逐級發生偏差，以至於很好的思想和策略，到最後執行的時候，可能與領導者的初衷發生很大的偏差，甚至產生相反的效果。因此，利用先進的網路和通訊技術，使領導者的思想直接傳遞到每一位員工，使企業的每一位員工的思想和認識都盡可能同步，就能激發整個企業的活力，領導者的領導力、員工的執行力也會大大強化，就如高鐵電聯車的車頭與車廂在行動上保持高度一致。

六、打造高鐵電聯車式追隨力的企業

根據高鐵電聯車與企業的比較，我們可以得出：在創新驅動、團隊制勝、速度取勝的強競爭環境下，企業可以用電聯車原理指導企業內部的分工與合作。相當於高鐵車頭的領導者要從具體的任務中脫身，用足夠的精力收集和處理有效的內、外部資訊，制定出企業的發展策略。核心員工相當於列車，要發出動力推動整個企業前進。普通員工相當於拖車，要與公司保持一致的前進步伐並承擔被賦予的責任。

如果將電聯車原理用在團隊締造上，列車車頭就是團隊的領導者，幹部成員就是列車，一般成員就是拖車。團隊的領導者要激發更多員工的積極性，提升其創新能力，這就相當於要在電聯車中安排更多的列車以提高整體性能。

企業為了提高執行力，提升市場反應速度，可以增加核心員工的數量，用足夠數量有動力的員工帶動那些自我動力不足的員工自動加速。

創建電聯車式的企業結構，可以大大激發企業活力、提升凝聚力、強化戰鬥力，推動企業高速、平穩、健康地發展。要成為卓越的領導人，領導者必須在不同的領導風格之間靈活切換。依據電聯車的構成原理，領導者可以做電聯車車頭式的領導者，即做服務型和僕人型領導。老子說：「後其身而身先，外其身而身存，非以其無私邪？故能成其私」「處上而民不重，處前而民不害。是以天下樂推而不厭。以其不爭，故天下莫能與之爭。」高效為企業成員服務，可以把員工打造成列車型員工，塑造出足夠數量的追隨者，把團隊打造成高鐵電聯車一樣的團隊，把企業打造成高鐵電聯車一樣的企業。

當高鐵電聯車解決了車頭動力與信號的干擾問題時，車頭就可以有動力了。如果車速需要再提高，車頭和每個車廂都可以帶上動力，此時的高鐵電聯車會運行得更快。以此原理打造的團隊，將是最具創新與市場反應能力的企業。

第二節　追隨者與追隨力

一、人人都是追隨者

「九層之臺，起於累土；千里之行，始於足下。」（《道德經》）所有的大都來自於小，所有的領導者都來自於追隨者。

人人都是追隨者。一個人不論在其人生的哪個階段，他都是一個追隨者，都會以追隨者的身分出現在社會中。人在嬰幼兒時期，因為不知道路在哪裡，也不知道家在何處，所以必須緊緊追隨父母的腳步，才能學會走路和回家，此時是因為不能自立而追隨。上了小學、中學，則要追隨老師的步伐，遵從老師的教導，這樣才能夠學到知識、培養道德，此時是因為求知而追隨。上了大學，開始了獨立思考，相信人因為夢想而偉大，透過自主學習，讀名著、學經典，追隨大師，明白了「不受苦中苦，難得甜中甜」，懂得了讀書的三個境界：

1．獨上高樓，望盡天涯路；

2．衣帶漸寬終不悔，為伊消得人憔悴；

3．驀然回首，那人卻在燈火闌珊處。

幫助自己實現夢想的還有不同人生階段的老師，所以要追隨老師的教導，一路上都需要老師的扶持和幫助，老師是貴人，也是恩人，此時追隨的是自我心中的夢想。

大學生畢業後如果自己創業，那是追隨自我夢想的實現，是自己夢想的追隨者。

大學生畢業後參加工作，追隨的是自我價值，需要透過追隨領導者和企業的願景而在企業中走向更高、更快、更強，此時是透過追隨上司而實現夢想。當自己擁有足夠的權力能夠駕馭這個企業的時候，則可以帶領這個企業的全體人員去追隨共同的夢想。

二、追隨者與追隨力

詞典這樣定義追隨者：一個同意他人教導的人，一個隨從、服務者或下級；一個能仿效或同意他人的人；一個能夠接受他人指導和領導的人。

企業家這樣理解追隨者：一個有效的追隨者，是一種不斷掌握自身所需的新技能，自己對自己的個人要求超過制度的要求，主動做事、敬業負責的人。

「追隨者」對應的英文為「follower」，「追隨力」對應的英文是「followership」，「追隨」則是「follow」。追隨者用追隨力去追隨。

本書這樣定義追隨者：為實現自我心中的夢想而積極主動做事的人，與上司具有同樣的目標、價值觀而積極主動工作的人。

追隨者有追隨者的心態：做事積極主動、認同領導和企業、心甘情願、高度熱情、充滿動力、善於合作、勤奮學習、努力提升自己。

第一章　追隨力的本質

追隨者是一個與領導者相對的概念。追隨者為何追隨？這是因為追隨者有著與領導者共同的信仰、利益、願景和價值觀。追隨者追隨的不僅僅是領導者本身，追隨的乃是共同的「願景」和理想，並願意為之奮發努力、建言獻策、服從指揮、有力執行。從這個意義上講，追隨者擁有與領導者同等的地位，追隨者可延伸為領導者的夥伴、支持者、擁戴者、服從者、執行者，而不單單局限於下屬。

下屬與追隨者是有區別的。下屬不等於追隨者，下屬是劃歸到某個部門被某個管理者管理的人；追隨者可在某個管理者的手下工作，也可以不在他的部門工作。當下屬具備追隨者心態時，下屬成為追隨者，這個時候下屬和追隨者的含義是一樣的。

追隨力是有效執行領導者的指令、支持領導者工作的能力，其目標是達到企業目標最大化。追隨力是一種正面的、起著積極作用的能力，它的存在能夠使企業的目標最大化，主要表現為追隨者敢於承擔責任、樂於建言獻策、勇於挑戰困難，能夠有效執行領導者的指令。追隨力就是在積極主動的意願下產生

第二節　追隨者與追隨力

的行為和思維方式。上司想到和做到的，追隨者也要想到和做到。上司沒有想到和做到的，追隨者也要想到和做到。這些都可以用來判斷員工是否具有追隨力。

如果追隨者追隨的目的不是使企業的目標最大化，就會為了上司或個人的私利而逢迎拍馬，讓上級放縱慾望，導致上司職業生涯的毀滅，自己也會承擔連帶責任。

上級所掌握的資源和影響力，對員工在企業中的發展發揮決定性作用。在職場上快速發展的人都是善於和上級合作的人，他們在做好本職工作的同時，會積極為上級排憂解難。上級也會為其提供更多的鍛鍊機會，把「真經」傳授給他們。他們會逐步熟悉上級的工作內容和技巧，這是晉升的條件。成就上級就是成就自己。《西遊記》中，孫悟空與唐僧相互成就。孫悟空如果不跟唐僧修行成不了正果，唐僧如果不選擇孫悟空做徒弟，也到不了西天。

孔子一生祖述堯舜、憲章文武、述而不作、信而好古、上律天時、下襲水土。他說：「君子疾沒世而名不稱焉。」所以他只講授古聖先賢的智慧，自己不寫書。孔子的學生為了傳播孔子的思想，就將他的一言一行都記下來，於是有了《論語》。透過《論語》，後人知道了孔子，也知道了他的學生：顏回、曾子、子張、子開、子路、子貢、子有、伯牛、子游、子夏、子羽、子賤、子思、子長等。孔子的學生借助《論語》，成就了老師，也成就了自己。

一世教人以言，百世教人以書。大家成就大家，有四種解釋：一種為名師出高徒，偉大的領導者成就偉大的追隨者；另一種為領導成就群眾，佛陀成就信徒；還有一種是歌迷成就歌星，信徒成就佛陀；最後一種是大家互相成就。

在當今環境下，領導者與追隨者之間的資訊不對稱現象迅速下降，甚至追隨者有時比領導者掌握的資訊更多，於是追隨者可以利用自己掌握的資訊向領導者建言獻策，從而對領導者的行為產生更大的影響。領導者的領導效能在某種程度上取決於追隨者的意願，故追隨者的重要性在上升。

追隨者與領導者除了是上下級關係外，兩者之間還往往有一種依賴關係。追隨者往往扮演著領導者左膀右臂的角色，負責為領導者出謀劃策，協助領導者支撐大局，是領導者不可或缺的力量。

第二節　追隨者與追隨力

追隨者和領導者是一種民主的、自由平等的社會關係。追隨者之所以追隨領導者，是因為有共同的願景。

追隨力是追隨者由內心的追求而產生的積極主動的意願。因為被目標吸引，產生了追隨者心態，因此產生追隨力，最後產生追隨行為，如圖 1.1 所示。

追隨力是追隨者積極主動的意願，是其內心的召喚。人生有遠大目標、有夢想，就有追隨力，就會內生出前進的動力，「心中有陽光，腳下有力量」。此時，既不用別人推動，也不用別人拉動，而是自覺前進。如同太陽一樣，不用考核與鞭策，自動自發地「工作」。

沒有追隨者就沒有領導者。追隨者是領導者的左膀右臂，為領導者提供支持，是有執行力的人。正如《孫子兵法》所言：「夫將者，國之輔也。輔周則國必強，輔隙則國必弱」。

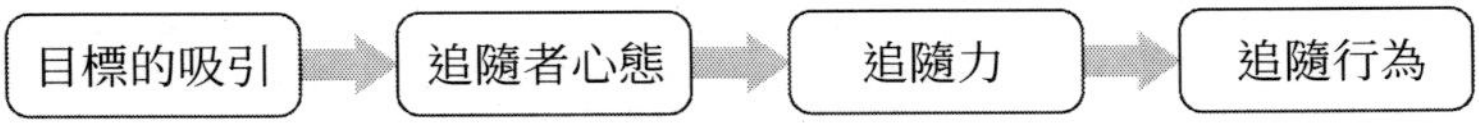

圖1.1　追隨力模型

三、追隨力催生領導力

一個人單身的時候，並沒有感到對家庭有多大的責任。當結婚以後，有了孩子，他便立刻就會生發出責任感和擔當精神。當孩子會叫「爸爸、媽媽」的時候，做父母的馬上會意識到要有做父母的樣子。孩子的追隨力催生父母的領導力。

把這個原理推廣到職場。領導者決定著企業的未來，企業的員工相當於把自己的時間、精力、能力都託付給了領導者，領導者會因此而強化自身的責任感和使命感。員工對領導者信任、賞識，積極主動地完成職位工作，也會激發領導者努力提升自己的能力、修養和魅力以贏得下屬的信任，採用合適的領導風格，從而締造出和諧的工作氛圍，讓員工在幸福的心境下提高業績。因此，員工的追隨力可以催生領導者的領導力。

汽車之所以能夠奔馳，是因為能源為它提供了動力；人之所以有力氣，是因為食物為人提供了動力；老師之所以樂於為學生上課，是因為學生賞識老師；領導者之所以樂於為企業奉獻出領導力，是因為員工的愛戴。

第二節　追隨者與追隨力

領導者與追隨者真誠相待才能夠彼此成就，追隨者要努力從領導者那裡獲得及時鼓勵和真實的反饋，並對領導者的工作表示欣賞和感激。

聖人也需要賞識和感激。《金剛經》中，須菩提在向佛祖請教的時候，首先要隆重讚美，再祈請忠告。長老須菩提在大眾中，即從座起，偏袒右肩，右膝著地，合掌恭敬而白佛言：「希有世尊！如來善護念諸菩薩，善付囑諸菩薩。世尊！善男子、善女人，發阿耨多羅三藐三菩提心，應云何住？云何降伏其心？」佛言：「善哉，善哉。須菩提！如汝所說：如來善護念諸菩薩，善付囑諸菩薩，汝今諦聽。」

追隨者對於領導者的讚譽，是發自真心的認可和賞識。

追隨者成就領導者。領導者因為追隨者而存在，追隨者賦予領導者領導權。優秀的領導者培養優秀的追隨者，優秀的追隨者造就優秀的領導者。偉大的領導者成就偉大的追隨者，偉大的追隨者成就偉大的領導者。領導者的領導力來自員工的追隨力。這種關係如圖 1.2 所示。

四、缺少追隨力的結局

下雨了，蚯蚓的洞口被水封住了，牠感到呼吸不暢，便從洞裡爬出來呼吸。牠趴在泥土中，還有一部分的皮膚不能呼吸，感到很不舒服，於是便繼續爬，一直爬到了水泥地面上。堅硬的水泥地面讓它的皮膚與空氣充分接觸，雖然暫時感到很舒服，但是這不是蚯蚓的道，是人行道。太陽出來後，曬乾了水泥地面，蚯蚓爬不動，就會被曬死，又或被不注意的行人踩死。

蚯蚓沒有追隨自己的路，在錯誤的道路上享受著短暫的舒適，然後舒服地死了。

雖然柯達破產多年，但是其破產經驗還是值得討論。柯達在一百三十一歲生日時倒閉——西元二〇一二年一月十九日，柯達宣布破產保護。

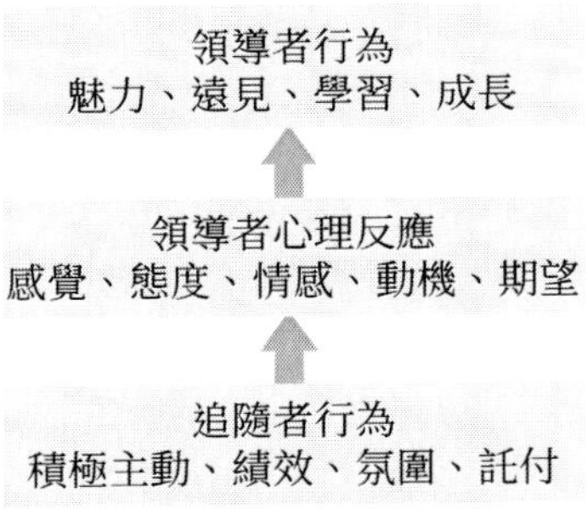

圖1.2　追隨力促成領導力

第二節　追隨者與追隨力

一八八八年，喬治·伊士曼發明了第一臺簡易相機。在底片時代，柯達占據了全球三分之二的市場份額。柯達優美的廣告詞「串起每一刻，別讓她溜走」讓人記憶猶新。柯達是底片行業標準的制定者。一九七五年，柯達發明了世界第一臺數位相機。但是，當富士和奧林帕斯迅速大規模轉向數位相機時，柯達還是把主要精力放在了模擬相機和底片上。西元二千年，柯達向數位相機轉型百分之二十五，而富士則轉型百分之六十。這一分水嶺後，柯達逐漸下滑，富士一路上揚。從二〇〇三年開始，柯達就啟動了兩次策略轉型，準備放棄傳統底片業務，轉向數位產品。但是這意味著放棄自己的核心傳統和巨額利潤。柯達的成功是創新滿足了人們的需要，具有自己的核心能力。柯達的失敗在於固守自己的標準，固守成功與龐大，過分依賴品牌，身陷泥潭而不能自拔。市場競爭沒有金飯碗，標準、品牌都會在消費偏好轉移中消失。

柯達的破產與蚯蚓的死有很多相同點。第一個相同的地方是它們都死了；第二個相同的地方是它們都舒服地死了；第三個相同的地方是在錯誤的路上舒服地死了。柯達繼續做底片，管理者舒服，員工也舒服，通路也舒服，供應商也舒服，供應鏈及公司上下與相關的人都很安逸，結果卻如孟子所言：「生於憂患，死於安樂。」第四個相同的地方是它們說明的道理相同：當你舒服的時候卻是有人不舒服的時候。當柯達舒服時，它的對手就不舒服。「窮則思變」，柯達的對手推出數位產品滿足顧客的需求，顧客用數位產品比用底片舒服，所以顧客轉向數位產品，這樣柯達必然破產。因此，古人常說：「居安思危，未雨綢繆。」「常將有日思無日，莫待無時想有時。」越是充滿自信，越要居安思危。

在分析顧客的忠誠度時要仔細分析其忠誠的對象。顧客忠誠的是自我價值實現、用戶體驗和其獲得的實惠。從顧客忠誠於實惠這個角度分析，其忠誠度是可靠的。但從顧客的價值實現來看，如果出現了更有價值的品牌，則顧客就會換品牌。所以顧客對品牌的忠誠度不可靠，對價值的忠誠度可靠。品牌只有在保證顧客利益的前提下才能夠獲得顧客的忠誠。因此，有聲譽的品牌，也必須「戰戰兢兢，如臨深淵，如履薄冰」（《孝經》），努力為顧客提供超值的實惠。

一個企業成功了不缺讚美，破產了不缺原因。成功了會獲得無限的表揚和賞識，破產了能得到無數的經驗教訓。大自然告訴我們：「日中則昃，月滿則虧」。太陽到了中午就要偏西，月亮到了滿月就要開始虧缺。《孫子兵法》記載：「亂生於治，治生於亂。」當企業鼎盛的時候，也就是危機潛伏的時候。企業的領導者要學會在適當的時候問自己這樣一些問題：「假如我的企業出現大的危機，它們可能是什麼？為什麼會出現？如何避免？」「假如我的企業會出現大的進步，它們是什麼？為什麼會出現？如何出現？」「令我的企業破產的原因是什麼？誰是我們真正的對手？」「我現在舒服了，誰會不舒服？」「我現在不舒服，如何變得舒服？」如果碰到聰明人，就讓聰明人告訴我們要做什麼，而不是我們告訴聰明人要做什麼。正所謂：「明者遠見於未萌，智者避危於無形。」（《群書治要》）

企業要放棄自己的舒適，給顧客創造舒適，這需要的是追隨力。可以從領導力和追隨力的角度分析柯達破產的原因。柯達公司不缺領導力，缺少的是追隨顧客需求變化的能力。

第二節　追隨者與追隨力

企業缺少追隨力，會被顧客拋棄。企業中的人缺少追隨力，會被企業淘汰。

一個人如果自己不想去哪個地方，被拉著走，受到拉力，就會產生反抗心理，心中就會有壓力；如果被推著走，受到推力，也會產生反抗心理，心中也會有壓力。如果自己想去哪個地方，就會內生出動力，既不用拉、也不用推，也不會產生逆反心，更不會感受到壓力。因此，在企業中會感受到心理壓力的，是被動無奈的人和缺少追隨力的人。他們被拉著或推著，連滾帶爬、踉踉蹌蹌地往企業規定的方向走，很難在這個企業中如魚得水、自由自在。那麼何種人會沒有心理壓力呢？答案是主動前行的人，是以追隨者心態存在的人。他們會以積極主動的態度，創造工作繁榮，並能夠為企業的發展貢獻智慧。

領導者一旦為企業確定了目標，企業的全體人員必須朝著確定的方向前進。追隨者是奮力划槳開大船的人。企業的目標就是追隨者的目標，企業要做的事情，就是追隨者要做的事情，這就是《論語》中所說的「志同道合」。

「領」就是牽引，「導」就是糾偏。領導力對於下屬來講是個拉力，也是個推力。領導者希望下屬具有執行力，執行的是領導者的指令和計劃，具有強迫性。員工受到拉力和推力都會產生逆反心。追隨力是內生動力，是主動前行的力。主動前行的下屬不會受到拉力和推力，也不會產生反力。內部沒有衝突和內耗的企業才是和諧的企業。

奉行自我主義和個性自由的人通常不喜歡被別人領導，其逆反心極強，稍微受到一點外力的作用就會跳槽。然而任何一個企業，都是由領導者和追隨者組成的，順勢而動的人可以借勢、運勢、造勢，時勢造英雄；而逆反心強的人，則不喜歡與企業同行，甚至還自我標榜與眾不同，結果工作得很痛苦，最終不得不離開企業。

換而言之，如果你認同自己加入的企業並願意追隨其目標，那麼你就會很滿意並富有成就感；如果你做不到這些，就會四處碰壁，痛苦而無所適從。

第二節　追隨者與追隨力

第三節　追隨力與團隊

一、宇宙大道的團隊運行

宇宙由一個個星團構成，企業由一個個團隊構成。個體要加入一個團隊，就如同星星要加入一個星團，而星團屬於更大的星雲。團隊領導者要有團隊領導力，即團隊力。團隊領導者要能夠把隊員凝聚在自己周圍，並同時帶領這個小團隊加入更大的團隊，從而形成企業的形態。按照這個方式締造團隊，叫道法自然。

大自然中存在的規律叫自然規律，我們根據自然規律調節心態和行為，也叫道法自然。

宇宙運行符合團隊原理。月亮圍繞地球轉，月亮屬於地月系這個團隊；地球圍繞太陽轉，地月系屬於太陽系這個團隊；太陽系圍繞銀河系軸心轉，太陽系屬於銀河系這個團隊。按照這樣的邏輯推理，銀河系又圍繞更大星系的軸心

第三節　追隨力與團隊

轉，一定又屬於更大的團隊。宇宙中繁星點點，數不勝數，但是它們都先歸屬於一個小的星團，小的星團再歸屬於大的星團，然後才能在浩瀚宇宙中穩健存在下去。由此形成了「天行健，君子以自強不息；地勢坤，君子以厚德載物」的震撼狀態。如果一顆星星脫離了小團隊，那它就成了流星，雖然可以劃出一道耀眼的弧線，卻很快就會消失。

這樣的道理也適用於個體與企業的關係，一個員工屬於一個小團隊，叫班組；一個班組屬於再大一些的團隊，叫部門；一個部門屬於更大的團隊，叫企業。就如同宇宙運行一樣，企業的構成也符合團隊原理。再有能力的個人，也必須適應團隊的存在方式；再有個性的個人，也必須先歸屬於一個小團隊。不能在團隊中生存的人，就如同流星一樣可以明亮一時，卻不能長久存在。帶團隊的人，需要把一個個員工凝聚在一起，形成一個團隊，同時要把這個小團隊納入更大的團隊，這樣才符合宇宙運行的大道。正所謂：「天命之謂性，率性之謂道，修道之謂教。」按照大自然賦予人的本性去運行叫率性，這樣的率性符合宇宙大道，團隊領導者應按照宇宙大道來運行團隊。

二、團隊領導者的團隊力

領導力分三個層次：個人領導力、團隊領導力和企業領導力。它可以分別用三個中文字表示：「人、從、眾」。「人」字表示個人領導力，「從」字表示團隊領導力，「眾」字表示組織領導力。個人領導力是領導自己的能力，團隊領導力是領導幾個人的能力，企業領導力是領導幾個團隊的能力。團隊的領導者，是其上司的「尖刀班、短槍隊」的帶頭人。團隊領導者自己是該企業的成員，自己的下級也是該企業的成員。團隊領導者要能夠把下屬緊密團結在自己的周圍，同時與更高階保持一致。這樣才能夠形成統一指揮，統一領導，從而獲得整體一致的戰鬥力。團隊領導力是承上啟下的連結環節。帶團隊的人對上要有追隨力，對下要有領導力。

團隊力由兩個力構成，一個是「圈人」的能力，叫領導力，是對下級發出的；另一個是「入圈」的能力，叫追隨力，是對上級發出的。

三、團隊領導力的葡萄樹結構

葡萄樹中有一串串的葡萄，企業則由一個個團隊構成。企業中的個體屬於一個團隊，就如同葡萄粒屬於一個葡萄串，而葡萄串屬於葡萄樹。葡萄串的枝幹相當於團隊領導者，一個個葡萄粒相當於團隊成員。團隊領導者要能夠把人員團結在自己的周圍並同時帶領這個小團隊加入更大的團隊，從而擴大企業的形態。這種企業的形態類似於葡萄樹結構。

葡萄樹的主幹上長出分支，分支上再結出一串串葡萄。分支要盡可能結出葡萄粒，並且讓每個葡萄粒都健康飽滿成長。如果葡萄粒不能與分支緊密結合，則這個葡萄粒將得不到足夠的營養而長得比較小，甚至不能成熟。如果一個葡萄粒與分支結合得非常牢固，則這個葡萄粒會長得很飽滿。分支要同主幹緊密結合，才能從主幹得到養分，把養分輸送到自己結出的每個葡萄粒，從而結出一串飽滿甜美的葡萄。如果分支結出一串葡萄後，不能與主幹緊密結合，就得不到主幹的營養，此時這串葡萄就會乾癟，自己所在的分支也會枯萎，最終被主人拋棄，如圖 1.3 所示。

在圖 1.3 中，CEO 表示主幹，是上級；部門經理表示分支，是下屬，即團隊的領導者；葡萄粒是部門內部的員工，即團隊成員。部門經理要有能力把自己部門的員工緊密的團結起來，獲得團隊的優勢。不能讓部門的成員鉤心鬥角，成為一盤散沙，更不能因為競爭機制或激勵機制的問題而導致部門內部成員的衝突，必須讓團隊成員團結一致。

帶團隊的部門經理，要能夠與高階緊密結合，如果上面是總經理，就要與總經理保持一致。總經理協調很多個團隊圍繞自己運轉，而一個部門只是眾多團隊中的一個。與總經理保持一致才能有機會加入更大的團隊。

與上級保持一致的能力叫追隨力。追隨力是

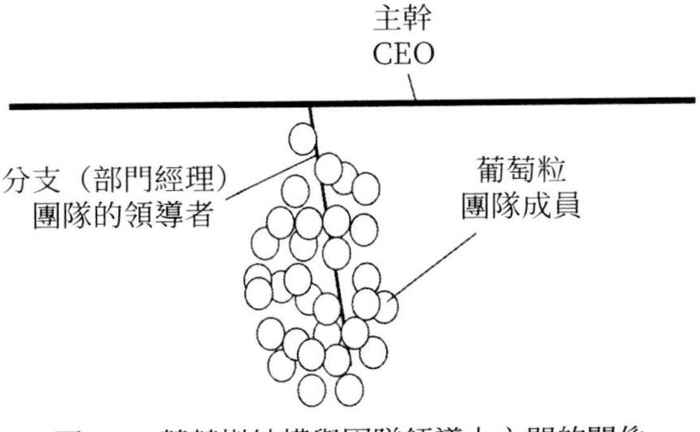

圖1.3　葡萄樹結構與團隊領導力之間的關係

追隨者積極主動的意願。有追隨力的人做事積極主動，上級安排到位的事情一定執行到位，上級沒有安排到位的事情憑藉自己的判斷和現場經驗也能圓滿完成。因為上級距離基層比較遠，可能指揮有誤差，這些誤差要靠有追隨力的下級來修正。如果下級有追隨力，上級就會放心、放手，最後放權，這樣下級就會得到上級更多的支持。部門經理必須保護本部門成員的利益，從上級那裡獲得更多的資源，提升本部門的聲譽，推出本部門優秀的成員。不能將本部門的員工作為籌碼要挾上級，更不能以自己有本事，上級依靠自己而居功自傲。正所謂：「自見者不明，自是者不彰，自伐者無功，自矜者不長。」（《道德經》）

拓展案例

宋志平先生是建材公司董事長。一九七九年，宋志平大學畢業到一新型建築材料試驗廠。下了火車，看到一棟挺像樣的辦公大樓，心想應該是公司了吧。沒想到腳踏車繼續往前走，很久以後走上了一條窄窄的水泥路，兩邊全是農田，路面還不時過來一輛農用車，他的心越來越涼。一直到了一處玉米地圍著的幾棟木板房，旁邊寫著「新型建築材料廠」。他被臨時安置到活動貨櫃屋裡。這個晚上，他非常失落，行李也沒有打開，準備第二天就離開這裡。

第二天，牛科長過來找他去遊玩。他一口氣登上了山，站在臺階上看湖，一下子心胸開闊起來。如果沒有這個牛科長陪他調整心情，他會失去在這個公司成長的機會。當年牛科長就相當於葡萄樹的枝幹，宋志平就相當於一顆葡萄粒。心境會影響員工的決策。好的心境有助於做出正確的決定，差的心境會導致做出錯誤的決定。要想讓新員工迅速融入團隊，需要老團隊成員的陪伴。

宋志平把「忙的蜜蜂沒有悲哀的時間」當作自己的座右銘，他借了兩本英文原版書，用來熟悉英文和建材知識，每天晚上，都到辦公室看兩個小時的書。有一天，副廠長來到辦公室，看見他在讀書，就隨便聊了幾句，讓他很緊張。後來，外交部派十五人專家團隊去南斯拉夫培訓，但是還少一個專家，任廠長推薦了宋志平。於是，他成為了那一顆最幸運的葡萄粒。

不要抱怨懷才不遇，要「行有不得反求諸己」。持續的投入意味著自己在不懈追求。「千里馬常有而伯樂不常有」是過去的哀嘆，「伯樂常有而千里馬不常有」是今天的釋懷。宋志平之所以能夠遇到貴人，是因為他長時間的累積給眾人留下了好印象。同一棵葡萄樹上結出的葡萄粒大小也會不一樣，如何成為幸運的葡萄粒呢？要內心有所追求，堅持不懈、厚德載物、不忘初心、方得始終。

四、落葉、落下的樹枝、小河與追隨力

秋天到了，樹葉從樹上落下來，有的落在了小河裡。由於樹葉比較輕，浮在水面上，被河水帶走了，見到了很多秋天的景色。小河走多遠，樹葉就走多遠，它除了看到原來樹周圍的風景，還看到了許多別的地方的景色。樹枝從樹上掉下來，但由於浸透了水而變得比較沉重，沉入了河底，最終腐朽了。

現代人為了遠離都市的躁動，常常選擇旅遊使自己回歸自然，在山水之中尋找智慧與安寧。孔子說：「智者樂水，仁者樂山。智者動，仁者靜。智者樂，仁者壽。」聖人對水有極大的讚美。孔子見到滔滔不絕的水，必佇立觀之。他說：河水所到之處，使萬物都得到滋養繁衍，毫無私心，就像仁者的愛。無論河床平坦或者彎曲河水都順其道流去，就像仁者對正義的堅持。河水深廣莫

測，無有竭盡，就像仁者的智慧。它流經高山峽谷，卻無畏懼之心，就像仁者的勇敢。它無孔不入，就像仁者的深明洞察。它遇到渾濁不潔從不迴避，而是用自身的力量將其淨化，就像仁者用自己的美德將小人感化。它流到一定的地方就止如寒潭，平靜無波，就像仁者的正直之心。把水盛入碗中，它就水平如鏡，就像仁者的廉潔公道。河水千回百轉，卻總是朝著東方流去，就像仁者的遠大志向。

「有無相生，難易形成，長短相形，高下相傾，音聲相和，前後相隨。」（《道德經》）大自然就是自然而然地存在和表現，前後、高低、長短都是自然而然的事情，沒有好壞、對錯之分。小河追隨自然之道，勇往直前，蜿蜒曲折、千回百轉、志向不改。小河具有領導力，願意跟自己走的，就帶領它跟自己走。小河具有包容力，不願意跟自己走的，也不強迫。如《中庸》所言：「天之生物，必因其材而篤焉。載者培之，傾者覆之。大德者，必得其名，必得其祿，必得其位，必得其壽。故大德者必受命。」

落下的樹枝，表示有定力，不隨波逐流，化自己為淤泥，為花草帶來滋養和美麗。

落葉由於不重，所以可以浮在水面上，順勢而動。它雖然沒有自己明確的目標，但是借助小河達成了更大的目標。落葉放下了「小我」，成就了「大我」；放下了「自我」，成就了「真我」。《孫子兵法》記載：「故善戰者，求之於勢，不責於人，故能擇人而任勢。」落葉會借勢、運勢、順勢，所以成就了自己。這告訴我們：別把自己看太重。把自己看太重的人，其重量先壓自己，然後也壓別人。

壓自己的表現是：總是對自己的狀態不滿意，不發獎金不滿意；發了獎金又嫌發得少；雖然獎金發得多，卻嫌沒有別人多。不提拔不滿意，提拔了嫌提拔得慢；雖然提拔得快，卻嫌不是舒服的位置，總是在比較中找不滿意的地方令自己產生壓力。

人的情緒如彈簧，可以拉長，但是拉太長則失去了彈性，不能恢復原狀，比喻為陽亢；可以壓短，但壓得過短則失去了彈性，亦不能恢復原狀，比喻為憂鬱。

壓別人表現在：別人怎麼對待他，他都不滿意；不重視他，他不滿意；重視他，他感到重視得不夠，總是處於不滿意的狀態中。又或者他到哪裡都氣勢壓人，他人對其只是表面逢迎，實則內心反感。

落葉、落下的樹枝、小河，都是自然而然的存在。正如《道德經》所言：「人法地，地法天，天法道，道法自然。」根據道法自然，我們可以感悟出小河具有追隨力，也具有領導力，落葉具有追隨力，落下的樹枝具有定力，三者都值得效仿。

在團隊建設中，小河代表領導者，落葉和落下的樹枝代表兩類員工。落下的樹枝表示把自己看得很重的一類員工，落葉代表沒有把自己看得很重的另一類員工。一個人把自己看得太重，缺少追隨力，就缺少主動前行的力量，領導沒辦法調動他，團隊也沒有足夠的力量帶他走，最終只能被團隊拋棄。

在希臘的德爾菲神殿寫著這樣的句子：「認識你自己。」這句話也吸引了全世界來參觀的人駐足思索。正確認識自己的意思是：既別把自己看太重，也別把自己看太輕；既別把自己看太高，也別把自己看太低。不把自己看太重就不會失重，不把自己看太高就不會失落，不把自己看太輕就不會自卑，不把自己看太低就不會鬱悶。文中子在《止學》中說：「視己勿重者重，視人為輕者輕。」不把自己看太重的人，反而被別人重視，因為具有親和力而產生個人魅力，容易受到別人擁戴。看不起別人的人，也會被別人看不起。換句話說，作用力等於反作用力。由於人人有重量，都有自己值得驕傲的素養和資源，所以都有自己的慣性，都有逆反心。雖然自己有重量，或者被人稱為重量級人物，但是這種重量不是用稱重的方式來衡量的，只是自己的感覺和別人的感覺而已，其主要表現為財大氣粗、位高權重、自命清高。有被別人吹捧而順勢高傲者，有見風使舵而居功自傲者，還有目中無人、自視甚高者。這些都屬於把自己看太重的人。

感覺發生在心理層面，是看不見的，但會有起伏變化。由於人具有主觀能動性，透過提升追隨力，看清自己的角色就可以正確地認識自己。

第四節　追隨力的實質

一、徒弟追隨師父，師父追隨什麼？

人人心中都有自己的目標和願望，都需要透過一定的途徑才能實現。所謂「假輿馬者，非利足也，而致千里；假舟楫者，非能水也，而絕江河。君子生非異也，善假於物也」（《荀子．勸學上》）。

「追，逐也。隨，從也」（《說文解字》）。「追隨」二字的意思就是緊緊跟著，走在一起。唐僧師徒，西天取經，雖經歷九九八十一難，但始終在一起。追隨，最具實踐性，要付諸行動，不是紙上談兵。是不是在一起，是不是一條心，是不是同心、同向、同行，代表的是追隨力。

《西遊記》中，孫悟空、豬八戒、沙和尚追隨師父唐僧西天取經的過程，也就是他們修行的過程。

第四節　追隨力的實質

何謂修行？就是透過努力，深入思考，使心智達到更高的層次。修行是一個持續時間較長的活動，包括思維活動、心理活動、行為活動、社會活動，目的是達到與現階段相比境界更高、胸懷更廣、視野更寬的個人修養水準。「修」就是研修，「行」就是按照所學去做，「修行」就是知行合一。

「知行合一」由王陽明提出。知是指良知，良知就是良心，良心就是真我本性，就是天命之謂性。在王陽明看來，一善念產生，便已是行；一惡念產生，也是行；而絕其惡念，同樣是行。知行合一，就是要使良知時刻關照著自己的行為和心理，使自己不失其本心，不讓意志為外物所動搖，淪為外物的奴隸。

孫悟空等修行的過程，就是去掉魔性、建立道心的過程。他們追隨師父唐僧，跟著唐僧修行，那麼唐僧又追隨什麼呢？唐僧追隨佛陀。唐僧西天取經，取經是目標，修行在路上。在過程中歷練其道心與誠心，心中有佛就可以見到佛。

佛陀又追隨什麼？是什麼引領佛陀堅定前行？佛陀追隨的是佛性，是道，是成就，是救萬民、度眾生脫離苦海的道。

第一章　追隨力的本質

約西元前六世紀，古印度迦毗羅衛國的國王叫淨飯王，其夫人是摩耶夫人。淨飯王是位英勇能幹、德智兼備，很受臣民愛戴的國王。摩耶夫人是位溫和賢淑、勤儉樸素、不喜奢華、好聞法教的人。她四十四歲那年，有一天晚上，夢見一位長得相貌堂堂的仙人，坐著一頭大白象，慢慢從空中走來，自她的脅下進入腹中，於是受孕。到了轉年的四月初八，春和日暖，無憂樹花盛開，夫人在藍毗園一棵蓊鬱茂盛的無憂樹下誕下了悉達多太子。

中國史書上曾有一段記載謂：四月八日，山川震動，五色光貫太微星。太史蘇田奏曰：「有大聖人，生於西方。一千年後，聲教及此。」

悉達多降生的時候，有位仙人阿私陀，來看太子的相。看後，阿私陀淚如泉湧，嘆氣說：「偉哉，太子的尊容，身具三十二相，非凡人也。若是不出家，必為轉輪聖王，統轄五天竺。若是出了家，必為三界導師。嘆我已老，不能親聞說法。」淨飯王聽了又喜又悲。為阻止悉達多出家，他為其建了一座三時殿，並養了很多宮女、伶人，日日歌舞管弦。悉達多十七歲時娶了善覺王的王女耶輸陀羅為妃，可以說享盡人間的快樂，卻仍是一心要出家修道。他深悟

第四節　追隨力的實質

人間生、老、病、死的無常，於是向父王請求出家。

淨飯王聽了他的話驚曰：「汝若欲成道，度一切眾生，可先救為父的這個苦惱。我欲早日讓位於汝，好修梵行，已是我的夙願。」但悉達多的出家之心不改。

悉達多二十九歲的時候，耶輸陀羅妃生下一子，取名為羅侯羅。他認為既生一子，可以減少父王之憂，於是決定在二月初八出宮修道。他到苦行林找到跋迦仙，問道：「汝為什麼如此苦修呢？」跋迦仙說：「因欲生於天，得來世天上的樂果，不得不苦修。」太子道：「汝所求的是天上樂果，還不是最終的圓滿。要知諸天雖樂，福報有限。福業盡，又受六道輪迴苦報。汝所謂樂者，究竟是苦而已。」於是離了跋迦仙而去。

悉達多在正覺山的樹林中，苦修六年，日食一麻一麥，形軀憔悴。他想：道因慧解而成，慧解因根而成，根因飲食而補。斷食不是得道的因，我當受食成道。於是，他到尼連禪河去洗澡，但因六年斷食，體力不支，站不起來。這時，樹林邊來了一個放牛的女孩子叫難陀波羅，給了他一杯牛乳漿。悉達多吃後體力逐漸得到恢復。他在佛陀迦耶的畢波羅樹下發誓說：「我今若不證無上大菩提，寧可碎此身，終不起此座。」這個時候，吉祥童子為他送來吉祥草，以便其打坐。於是他就此靜坐冥思。悉達多三十五歲那年十二月初八日，他在半夜觀見天上流星劃過，豁然大徹大悟，成了大道。

悉達多成佛後說：「一切眾生，皆有佛性。只因妄想執著，不能證得。若離妄想，則無師智、自然智，一切顯現。」他體會到：一切苦難並非來自厄運、社會不公或神祇的任性，而是出於每個人自己心中的思維模式。

悉達多即釋迦牟尼，「釋迦」二字是姓氏，「牟尼」是聖人的意思。「釋迦牟尼」就是釋迦家族的聖人。

悉達多為了求道，拋棄了王位和榮華富貴，受盡苦難，成了釋迦牟尼佛，悟得真道，而後講法傳道，把宇宙的真理傳遞給娑婆世界，普度眾生，成為天人導師。

二、聖人追隨什麼？

聖人是有頂級智慧和道德水準的人，追隨的是道，是真理，是天地的規律。兩千五百年前，印度出現了釋迦牟尼，發展出後來的佛教；中國出現了老子和孔子兩位聖人，發展出道家和儒家。

在遠古時期，沒有禮教、制度、法律來約束人的行為，但是民風淳樸、社會祥和，靠什麼來管理人的思想和行為呢？靠的是「道」。人們以「道」來指導自己。「道」就是自然規律。人們行動順其自然，統治者也不刻意去做什麼，人們日出而作，日落而息，一切順應自然。在夏、商、周以前的遠古思想就是道，它主導了整個華夏民族，並展開了五千年的傳統文化。夏、商、周三代以前的聖王，都是崇尚道德的人。那時候社會單純，故不需要煩瑣的禮法來統治。但是，夏、商、周三代以後，人心大變，人們越來越重視世俗的名利，不再用道德來約束自己。於是有了周公的制禮作樂和孔子的「克己復禮」，倡導仁義，其目的都是為了重振道德。

「道」先天地而生，未有天地先有「道」，既有天地而「道」在其中。道家

第一章　追隨力的本質

的思想不是老子的發明，老子只是將其描述出來，卻「恍兮惚兮，惚兮恍兮」。所以老子才說：「道可道，非常道，名可名，非常名。」

道家是本著天道來立人道，儒家是先立人道以合天道。道家以道為宗，講的是虛無自然，倡導無為。儒家以德為教，講的是仁、義、禮、智、信，倡導有為。德必本於道，道必顯於德。仁、義、禮、智、信就是德，其發源於道，道就是樹根；而道德顯現於樹幹，是仁、義、禮、智、信。道家和儒家是樹根與樹幹的關係。樹的根是看不見的，故不能被清晰描述。樹冠是可見的，故可以解釋清楚。道是樹根，仁、義、禮、智、信是樹冠，是德。老子的思想是樹根，孔子的思想是樹冠，「道儒合一」是指導人思想、行為的一個完整的智慧體系。

道是真理，是宇宙天地萬物的真正面目，而道產生的種種妙用，便稱為德。為了教化眾生，儒家從人性的角度去解釋道，稱天命之謂性。上天賦予人的本性，叫天命。按照天賦予人的本性所衍生出來的諸般善行，便稱為德。故萬物眾生都具有天性、本性，與其本性、天性相符合的行為叫德，如草的德行

第四節　追隨力的實質

就是吸收二氧化碳，釋放氧氣；如人的德行有五常，叫仁、義、禮、智、信。五常落實到人身就是五倫。五倫再落實到行為就是孝、悌、忠、信、禮、義、廉、恥八德。道家玄虛的道德，演變為儒家實際的仁義，這就是儒家在教化上的偉大貢獻，把抽象變具體，把形而上變成形而下，把概念轉化成可以操作的行動。

孔子五十知天命，五十五歲周遊列國，鞠躬盡瘁十四年，是什麼指引他如此堅韌不拔？他在追隨天命，也就是上天的安排。上天讓他掌握古聖先王的治國之道，德治天下，禮教化民，克己復禮。

孔子到了宋國，很受宋君的賞識。宋君想請他整頓宋國的政治，然而卻引起宋國司馬桓魋的不滿。一天，孔子與弟子們在大樹下演習禮儀，桓魋想殺死孔子，就把大樹砍掉。孔子只得帶領弟子們離開宋國。弟子們催促他說：「為了避免危險我們還是快點走吧。」孔子說：「上天既然把傳道的使命賦予我，桓魋他又能把我怎麼樣呢！」他深信，領天命者在沒有完成天命之前是不會死的。

若一位大學教師達到大學的考核指標，學校給他的職稱是教授；若一個員工達到企業的考核指標，企業給他的職位是領導者。孔子完成了一生的考核任務，因此被稱為聖人。追隨道的過程就是修行的過程，修行就是知行合一。

三、企業中的人追隨什麼？

群雁高飛頭雁領，大雁跟隨頭雁飛，這是因為第一隻雁能夠帶領牠們到達新的棲息地；羊群跟著領頭羊走，這是因為領頭羊能夠帶領羊群找到草地。領頭羊必須清楚目標並且堅定不移，牠永遠被追趕，從未被超越。

萬馬奔騰有第一匹馬。控制了馬頭則控制了馬，控制了第一匹馬則控制了馬群。第一匹馬改變了方向，馬群就跟著改變方向。馬群追隨第一匹馬，頭馬追隨牧馬人的意志。

企業的員工追隨企業的領導者是為了獲得財富並在企業中得到升遷。下屬追隨上級，是因為上級能夠幫助他實現目標。

在企業中，上司是下屬實現自己目標的橋梁，下屬追隨上司是因為上司能夠幫助自己實現目標。因此，上司必須肩負起這個使命。

四、做企業的追隨者

企業是一艘船，船小的時候承載一個人，老闆自己創業；船再大點就可承載幾個人，由老闆的朋友、熟人共同創業；若船更大就會承載更多具有相關能力的人。這些人都應該是這條船的追隨者，其價值觀相同，也相互認同和欣賞。企業是其追隨者聚集並且共贏的平臺。

「贏」字中，「亡」表示私心消亡，產生公心；「月」表示日積月累；「凡」表示要以平常心對待，別把自己看太重；「口」表示形成了口碑；「貝」表示財富。要想贏，就要忘我地日積月累地以平常心去奮鬥，以形成口碑，名利雙收。路遙知馬力，日久見人心。眾人划槳才能夠開動大船，在競爭大環境下，只有齊心而且有力者才能夠勝出。

企業就如同一條船，而且是一個需要眾人划槳開動的船。當你加入了一個企業時，你就成了這條船上的一名船員，並且是自己主動來到這條船的。你要經常提醒自己：「這是我們的船」，並盡心盡力貢獻自己的能力和智慧，主動、高效、熱誠地完成任務，用心去呵護和打造這條船。每個人的命運都將和這艘船緊緊地捆綁在一起，與這艘船同生死、共命運。要把上司、同事看作是和自己同舟共濟的夥伴，是一艘船上的合作者。只有每個人都努力做好自己的工作，這艘船才會前進。

前 Intel 總裁安迪．葛洛夫在加州大學柏克萊分校發表的演講中說：「不管你在哪裡工作，都別把自己當員工，而應該把公司看作是自己開的。自己的事業生涯，只有你自己可以掌握。不管什麼時候，你和老闆的合作，最終受益者都是你自己。」這就是「主角精神」，也是追隨者心態。

為什麼軍人的追隨力極強？因為每個軍人都非常清楚，他必須和他的長官、戰友並肩作戰，否則，他犧牲的可能性就會增大。在戰場上，每一個錯誤都可能意味著死亡。沒有長官的指揮和戰友的配合、掩護，一個我行我素的士兵面臨的是危險。

第四節　追隨力的實質

商場如戰場，戰場的規則也適合職場。在商場上，不盡心盡力，你所在的企業發展就會不順利，你的個人利益就會受到影響。如果企業倒閉，你的履歷上也會寫下不光彩的一筆，這會打擊你的自信心，還可能會影響你在新企業中的位置，因為成功的經歷會提升你的勢能。因此，你的利益和公司的利益是一致的，企業的發展也是保障你個人利益和發展前途的基礎。

企業如同一艘船，需要所有船員（員工）全力以赴、共同配合把船划向成功的彼岸。只有船到彼岸，船員才會到彼岸。老闆和員工都在這條船上，只是分工不同、角色不同而已。老闆是船長，這個職位賦予他的是權力和責任，他要思考船的航向，要避免觸礁或者碰到冰山，還要保障全船人的安全。

你一旦進入一家企業，就如同上了一條船，你唯一的選擇就是盡職盡責地做好自己的本職工作，保證船的正常航行。所以，你上了企業這條船，就必須和企業同呼吸、共命運、同舟共濟，不但要和老闆分享成功的喜悅，更要替老闆分憂。老闆是掌握公司發展方向的人，是決定公司存在與否的人，那些能夠與老闆同舟共濟的追隨者，必將得到老闆最大的獎賞。

在這條船上，你是主人，而不是一個乘客，必須以追隨者的心態存在。因為如果你是乘客，那麼，對待公司的態度就會以旁觀者的身分出現。一旦這條船出現問題，你首先想到的是自己如何逃生，而不是想辦法解決問題，克服困難，渡過危機。

加入一個企業，就成為了企業的一部分，就等於把「小我」變成了「大我」，此時必須去掉私心而擁有公心，否則就發生了內外不協調。一臺機器，所有的零件必須統一行動，如果一個零件私自運動，一定是個有問題的零件。只有追隨更大的意志，才能在更大的平臺上實現自我價值。

拓展案例

二〇一六年，美國著名金融雜誌《機構投資者（*Institutional Investor*）》一年一度的「亞太區公司管理團隊」排行榜評選揭曉。建材股份有限公司總裁曹江林連續五年榮膺「最佳 CEO」，連續四年位列亞太區基礎材料行業「最佳 CEO」榜首。《機構投資者》評選「最佳 CEO」的標準包括策略眼光、專業能力、職業素養和敬業

第四節　追隨力的實質

精神等方面，並關注是否善於贏取投資者對公司長期的信心。

曹江林大學畢業以後一直在建材公司工作，見證了建材公司從無到有、從小到大、從弱到強的過程。自己也從一個普通的員工成為公司的CEO。在成長過程中，他始終相信四條原則。第一是理想。絕大多數人的智商、情商都差不多。公司的領導人在一個公司裡面不只是自己的人，也是一個企業的人。人因為有夢想而偉大。作為公司的CEO，第一重要的是理想；第二是激情。領導者碰到一件事情就退縮，不願意做，會影響其他人的幹勁。當公司遇到困難或者機遇的時候，領導者充滿激情，就會激發管理層和員工的熱情，產生巨大的合力；第三是責任。領導者不僅僅要對自己負責，更要對這個企業及與這個企業相關的人負責，包括員工、客戶，以及其他利益相關者。對企業負責是支撐曹江林在公司工作二十多年的基礎。有責任感才會得到別人的信任；第四是勤奮。天下沒有免費的午餐，如果說你的目標是「別人喝湯，你也喝湯」就無所謂了，但是「你想吃肉」的話就必須比別人勤奮，勤奮學習、勤奮思考、勤奮工作。

曹江林是因為有夢想而產生了追隨力，並因此而樹立了自己做人和做事的價值觀：激情和責任感。自擔任 CEO 以來，他以忠誠勤奮為職業操守，探索出一條既符合國際化經營理念與運作模式又符合企業實際情況的發展道路，帶領公司實現了跨越式發展，贏得了國際投資者的廣泛讚譽，更透過長期不懈努力，成就了事業，從而成為最佳 CEO。

愛的最高境界是為別人引路，領導者的最高境界是給追隨者指出正確的道路。

五、追隨力的實質是道德

追隨力的實質是追隨自己心中的願景和心中的使命，追隨的是道德。

孔子說：「朝聞道，夕死可矣。」古人捨身捨命追隨道，今人捨身捨命追隨錢。道是真我本性。人之初生，其性本善，一旦得道則永遠不會失去。財富乃身外之物，得到了還要放下，或者留給子女親人，或者捐贈做慈善，而做慈善也是為了自己提升道德。孔子說：「君子疾沒世而名不稱焉」。君子擔心的

第四節　追隨力的實質

是死後沒有好的名聲。中國俗語說：「人過留名，雁過留聲」。《道德經》中說：「不失其所者久，死而不亡者壽」。生命的價值在於有用，金錢的價值在於使用，企業家最後一定是個慈善家。做慈善事業，就是在追隨道德。

人追求身體健康。《孝經》記載：「身體髮膚，受之父母，不敢毀傷，孝之始也」。因此，人保養好自己的身體，就是在盡孝道，追隨人倫大道的人首先要讓自己身體健康。

人追求財富，首先是為了讓父母生活得好一點，使家人幸福，實際上是為了盡孝道和忠義之道，也就是符合人倫大道。

人追求社會地位，掌握權力，當上了領導後，更應感受到責任和壓力，不能以權謀私、公權私用。權力應受到監督，關在籠子中，不受監督的權力會被濫用而導致腐敗。如果不及時清除腐敗，整個企業都會受牽連而導致腐敗。掌握權力的人必須用權力造福民眾，讓更多的人幸福安康。

人追求榮譽。榮譽是企業、社會和國家給的，歸根結底是做出了有益於百姓的事情而得到了百姓的認可。榮譽是全心全意為百姓服務的結果。數十年如一日地做有良心的事情，捨生忘死為了百姓的利益，才能贏得百姓的讚美，獲得榮譽。這是對百姓有情有義，符合人倫大道。天地對人的大愛是無私的，能夠全心全意服務於眾生，就可以參贊天地、化育萬物。

先天大道是「道可道，非常道」，可以意會而不可言傳，需要高的悟性才能夠理解。後天大道可以解釋和說明，可以遵循而行，包括三綱五常、五倫八德。人的行為如果符合人道，也就符合了天道。

重視道德的企業追隨的是道。有道就有路，有路就有未來，有未來就有企業和員工的幸福。英國教育家尼爾說：「一切人類努力的偉大目標在於獲得幸福。生命是一個過程，重在追求幸福，尋找快樂。」如何追求幸福？亞里斯多德說：「生命的本質在於追求幸福，途徑有兩條：發現幸福的時光，增加它；發現不幸福的時光，減少它。」企業的發展以道德為基礎，就會成為幸福企業。

《中庸》記載：「大德者，必得其位，必得其祿，必得其名，必得其壽。天之生物，必因其才而篤焉，載者培之，傾者覆之。故大德者必受命。」聖人的話就是經，經者徑也，徑就是路，按照聖人指出的路前進，累積到「大」的程度，一切自然發生，所以叫厚德載物。如將德比作土，權力、財富、榮譽就是樹。同樣的樹種，種在花盆裡，就會長成盆景；種在石頭縫裡，就可能長不大；種在肥沃的土地上，就可以長成參天大樹。因為根系的大小決定了樹的大小。

當一個人的目標不能實現的時候，不應怨天尤人，應反思自己的道德，是不是追隨道德的努力不夠。所謂「禍福無門，唯人自召。善惡之報，如影隨形」（《太上感應篇》）。無論是福報還是禍患，都是自己感召來的。路是自己走出來的，不能怨天尤人。孟子說：「行有不得者，反求諸其身。」凡是目標沒有實現的時候，只能從自己的追隨力上找原因。

儒家教人要有仁義心，道家教人要有善良心，佛家教人要有慈悲心，孫中山教人要有公心——「天下為公，世界大同」。這樣的心都是有道德的心，有這樣的心就能夠建立起道德體系：個人道德包括仁、義、禮、智、信；家庭道德包括父慈子孝、兄友弟恭；社會道德是立己達人、講信修睦；天道地德是天人合一、陰陽和合。如此建立家庭美德、社會公德、職業道德、天地玄德。

第四節　追隨力的實質

第一章　追隨力的本質

追隨力的實質是追隨道德，有道德就是有大愛之心，才能夠長久發展。有大愛之心就會持續關愛顧客、關愛員工、關愛環境、關懷世界。關愛顧客既要創新贏得新顧客，更要維護老顧客。例如，當各種調味品盛行時，人們更加懷念原生態的味道。有滿意的員工才會為顧客提供滿意的服務和產品。關愛員工既要讓員工對現狀滿意，更要給員工一個好的未來。人要有理想，企業也要有遠大理想，不僅要有打造百年老字號的志向，更要有二百年、五百年甚至一千年的生存目標。

第二章　追隨力的源頭——為何要追隨

第一節　追隨力的源頭與動力

對一個人最大的安慰是讓他放心，現實社會中，人如果有放心的地方就能獲得平安與寧靜。追隨力的實質是追隨道德，實現的路徑是放心。人之所以努力積德行善，追隨道德，是因為有信仰，相信「善有善報，惡有惡報」；「積善之家必有餘慶，積不善之家必有餘殃；善不積不足以成名，惡不積不足以滅身」（《易經》）；「積善成德而神明自得，聖心備焉」（《荀子》）。累積道德可以厚德載物，更可以活得放心，自由自在。放心是追隨力的源頭和動力。孩子追隨父母是為了不害怕、不丟失，求的是放心。學生追隨老師，是因為能夠學到知識。員工追隨領導，是因為能夠獲得財富和社會地位。人民追隨領袖，是因為領袖能夠帶領人民實現和平與幸福。

放心，就是心緒安定，沒有憂慮和牽掛。如果心有地方可以放，人就有了依靠，也就有了幸福和舒心。心有地方可以安放的人是自信的人，放心的地方就是精神的家園。

狼群追隨領頭狼，可以得到領頭狼的保護和引領，放心存在於團隊之中。非洲角馬大遷徙，為了安全地到達彼岸，要追隨領頭的角馬。在動物世界的群體中，領頭的動物是一個群體的精神支柱和力量源泉。在人類社會的組織中，領導者也是人們的主心骨，是精神的寄託。在最困難的時候，如果有領導出現了，人們就如同吃了定心丸而不會驚慌失措。所以，有追隨者心態的人實際上更有幸福感，因為有人為他「撐腰」。追隨領導者，可以得到領導者的引領和保護，可以放心實現自己的目標。追隨一個企業，可以借助企業的力量放心地

第一節　追隨力的源頭與動力

實現自己心中的目標。追隨顧客，可以創造出滿足顧客需求的產品而放心地實現利潤成長的目標。領導者追隨人民的意志，則人民就會愛戴和擁護領導者，百姓安居樂業，這樣國家政權就更穩定，領導者就可以放心地執政。

一個人是否願意付出要靠激勵：正激勵或者負激勵。負激勵雖然能夠激發效率，卻犧牲了內心的幸福；正激勵既可以激發效率也可以產生內心的幸福。追隨者的追隨行為對領導者是個重要的正激勵。老師講課的方式如果學生喜歡並欣賞，老師就會把自己的知識傾盤托出而且有所創新；反之，課程就會枯燥且缺少靈性。一個滿懷熱情的老師，如果經常收到學生的負面反饋，他的熱情就會一點點降低。如果學生討厭一個老師，則他見到這個老師時就會內心不舒服。領導者如果得到下屬的愛戴和欣賞就會心情舒暢，全力以赴為員工謀福利，展現出卓越的領導力，員工也就可以放心存在於這個企業之中；如果領導者的權威總是受到挑戰、位置受到威脅、政策受到質疑、講話受到挑剔，他將會採用交易型領導方式。交易型領導方式是領導者用資源換取員工的行為，用獎勵和懲罰使員工產生企業所需要的行為。隨著交易的進行，會產生越來越短視和現實的交易，甚至需要精準交易，慢慢就形成了領導者與下屬之間的賽局關係，並且最終會出現零和賽局，出現雙輸的局面。如果下屬內心憎恨這個領導者，則下屬在面對該領導者的時候就會很不自在。下屬對領導者的信賴，可以促使領導者採用變革型領導方式，注重個人魅力的培養，設立長遠的目標，關注員工的利益，重視員工的學習與發展。這樣員工就可以放心地在企業中工作與學習。

下面從幾個漢字的構成來分析「放心」的含義。

一、家

漢字傳承文化，也承載著領導力與追隨力的資訊。家是人住的地方，是孩子幸福成長的搖籃，是疲勞的身心得到休息的地方，是恢復精、氣、神的所在，是修養身心的天堂。「家」字上面的那一點很重要，如果把這個點挪下來，「家」字就變成了「塚」字。塚是墳墓。

這一點就是心，如果人與人之間都藏起了心眼，暗中使用小心眼，不讓別人看到自己的真心，不能把心放在家裡，那麼家就變成了塚。所以，家就是放

第一節　追隨力的源頭與動力

心的地方。家在哪裡，哪裡就是天堂。心在哪裡，哪裡就是家。

家是五倫大道（君臣、父子、長幼、夫婦、朋友）產生的根基，父母給了孩子一個家，讓一個人在家裡培養出「孝」。《孝經》所言：「夫孝，德之本也，教之所由生也。始於事親，中於事君，終於立身。」如果孩子不願意回家，大人不願意回家，家裡爭吵不休，老人不得安寧，那麼這個地方已經不能稱為家了，因為其沒有家的功能。

企業家是把企業當作家的人，是把心放在企業的人。員工把心放在企業裡，則可以稱企業為家。有人說：「我為什麼就不想上班呢？下班鈴聲一響我就激動，趕緊想回家。」此時，我想問：「你願意去哪裡？」你說：「回家。」我又問：「你不願意去哪裡？」你回答：「公司。」面對這樣的情況，有兩種解決路徑：一是退休回家；二是把單位與自己密切往來的同事變成朋友甚至兄弟姐妹的關係，讓彼此見面成為一種期待，也就是把企業變成家。

領導者的任務是給追隨者締造一個祥和的生存空間。這裡的家可以指小家、一個辦公室、一個小團隊、一個部門、一間公司、一個村鎮、一個縣市、一個國家。《大學》中記載：「大學之道在明明德，在親民，在止於至善。」其路徑是：格物、致知、誠意、正心、修身、齊家、治國、平天下。領導者應從小家做起，把小家建設成和諧的細胞，同時領導者要把自己負責的地方變成一個可以讓人們稱為家的地方。無論用怎樣華麗的語言表述組織文化，如果大家不喜歡在這裡存在，內耗衝突不斷，摩擦嚴重，只能說明這裡缺少家文化。

家裡必須強調一個「善」字。追隨者以仁愛之心對待組織，即只有組織成員之間「和為貴」，才能夠實現組織和諧，大家才會放心地工作和溝通。

二、視

一個「不」字，加上一個「見」字，讀作「不見」，因為在「不」字上面沒有那一點。追隨者要在關鍵時刻檢查自己是否保護好了那一點，才能夠解決「一葉障目，不見泰山」的問題。今天由於一葉障目，人有很多事情看不清，所以要分析是什麼葉子擋住了我們的眼睛，導致很多美好的事物看不見了。

錢是障目的葉。看見了錢，所以親情就看不見了。看見把別人的錢拿來自己用很舒服，卻看不見「拿人錢財，替人消災」要付出的代價。看見還錢時心中的痛苦，卻看不見失去信譽後人格倒地的悲哀。壓力是障目的葉，看見了壓力，所以幸福和美好都看不見了。看見了自己晉升不順，別人的刻苦努力、無私奉獻就看不見了。看見了慾望產生的快樂，慾望滿足以後的風險就看不見了。看見了痛飲美酒的暢快和手機裡資訊的刺激，醉酒駕車和低頭看手機的危險就看不見了。看見了權力帶來的滿足，就看不見權力產生的責任。看見了人前的風光，就看不見背後的辛苦。看見了奢侈產生的快樂，就看不見資源耗費導致的危險。看見了薪水不高，就看不見自己工作量不大。看見了競爭，卻看不見合作。看見了有形的表象，卻看不見無形的作用。看見了物質，看不見精神。看見了功利，看不見道德。看見了硬幣的正面，卻看不見硬幣的反面。看見了追隨者的辛苦，但看不到追隨者的幸福。

追隨者自己要努力保護好這「視」字上面的一點。《禮記》告訴我們，「志不可滿，欲不可縱，傲不可長，樂不可極」。「戒慎乎其所不睹，恐懼乎其所不聞，君子慎其獨也」（《中庸》）。在別人看不見、聽不到的時候，仍然要保持清醒的頭腦，按照道德的標準實現自我管理。「經起秋毫之末，揮之於泰山之本」「見小利則大事不成」，只有用《中庸》所言的「莫見乎隱，莫顯乎微」的標準約束自己，才能夠「九層之臺，起於累土，千里之行，始於足下」。

人不但要洗臉、洗澡，更要洗心。洗洗心，心明眼亮就可以保護和找回「視」字失去的那一點，解決視而不見的問題。保住了「視」字那一點就保住了心，心就有了放置的地方了。

三、態

「大」字和「心」字組合起來讀作「大心」，「大」字下面加一點，就成了「太」字。一些人心很大，但是狀態不對，所以工作、生活都不在狀態。「大」字少了一點，就不在狀態，心不在焉。《大學》中記載：「心不在焉，視而不見，聽而不聞，食而不知其味」，工作不在狀態是尸位素餐，生活不在狀態是行屍走肉。特別是有了網路以後，很多人被訊息套牢了。這些人的思路被徹底碎片化，不能集中精力考慮問題，成為了「低頭一族」。這種狀態是「種了別人的地，荒了自己的田」，而且是看著別人種地，自己不種地。在山上旅遊的時候，

第一節　追隨力的源頭與動力

導遊會提醒遊人說：「走路不看景，看景不走路。」這也適用於人和手機的關係：走路不看手機，看手機不走路。人管理了手機則手機是人的「助手」，但是如果人沉迷於手機則手機就是人的「殺手」。它會消耗掉我們的時間，剝奪我們的視力，破壞我們的親情，摧毀我們的健康，撕碎我們的心靈，泯滅我們的意志。

相關研究顯示，時間碎片化造成現代人智商下降。在手機被發明之前，如果撥打固定電話無人接聽屬於正常，現在撥打手機不接則被認為不正常。當今社會，分散人們注意力的因素越來越多。人腦不能同時處理多項事務，它只能在不同的事務間切換。如果同時做兩件事情，可能哪件事情都做不好，因為大腦疲憊會影響人的認知水準和身體機能。我們應了解，人們不會記住你做事情的數量，只會記住你做事情的品質。

孟子說：「心之官則思，思則得之，不思則不得也」。追隨者要管好自己的心，才能夠有思考力。要虛心、專心、靜心。虛心就是不讓過去的事情影響我們對新事物的感受。人做事時應該專心。這如同電腦的 CPU 一次只能處理一個指令。靜心就是不心猿意馬，不讓別的念頭干擾現在思考的事情。正如《大學》所言：「知止而後有定，定而後能靜，靜而後能安，安而後能慮，慮而後能得。」陳景潤靜心思考，證明了哥德巴赫猜想；阿基米德靜心思考，發現了浮力原理；門德列夫靜心思考，在夢裡想出了化學元素週期表的排列方式。只有集中精力靜心思考，才能夠開啟智慧。追隨者只有活在當下，讓自己心無雜念，才能放心自在。

四、善

有一個關於「善」字的謎語是「羊在草地上一口一口吃著草尖，打一個字」。這個字謎非常形象，且很有意味。善的原始含義指羊多、食物多、有飯吃。今天有羊肉吃，明天還要有羊肉吃，就要有活羊在吃草，就必須有草不斷生長，實現良性循環。羊吃草尖，只要草根還在，雖然大規模地放牧，仍然可以實現生態系統的良性循環。如果羊吃草連根拔起，就會使生態系統崩潰。

動畫片《獅子王》中，獅王木法沙告訴它的兒子，「世界上所有的生命都

第一節　追隨力的源頭與動力

在微妙的平衡中生存。身為國王，你不僅要了解那種平衡，還要尊重所有的生物，包括爬行的螞蟻和跳躍的羚羊」。年幼的小辛巴聽完不以為然，調皮又懵懂地問道：「可是，爸爸，我們獅子是吃羚羊的呀。」木法沙聽完「撲哧」笑了一聲，繼續道：「是啊，辛巴。我來解釋一下，我們死後，屍體會成為草，而羚羊是吃草的。所以在這個龐大的生命圈裡我們是互相關聯的。」

人何嘗不是如此呢？人吃羊，羊吃草，草吸收土的養分，人死後變成土，土供養草，草供養羊，羊供養人，如此形成了一個循環。《狼圖騰》中說：「我們人在草原上吃了太多的肉，我們死後，也要把肉還給草原。」看上去不善，卻是大善。

善就是共同滿足，就是人與自己和諧、人與人和諧、人與組織和諧、人與自然和諧、自然界萬物和諧共生。追隨者要把「善」作為職場工作中人際溝通與迎來送往的一個原則，這樣才可以造就職場的和諧。《易經》記載：「善不積不足以成名，惡不積不足以滅身。」《太上感應篇》中所言：「心有善念，善雖未為，而吉神已隨之。心有惡念，惡雖未為，而凶神已隨之。」常懷善念，才能厚德載物。

追隨者以天地之道為自己的行動綱領，心懷善念，自然會「放心」地存在。

五、道

「道」字由「首」加上「走」構成。首指的是頭，頭的使命是發出指令指揮五官四肢的運動，一個組織的頭的使命是發出指令指揮整個組織的運行。領導者要大膽往前走，要為企業的發展探索出一條道路。同時，領導者還要讓每個追隨者的腳都走在道上，每個腳都有落腳的地方，這個字叫「路」。有道才有路，先有道後有路。魯迅說：「世上本沒有路，走的人多了，也便成了路。」這就是說，要先有一個人探索出一個小道，跟隨的人多了，小道被拓寬了，就形成了路。一個城市的路如果是不規則的，一定沒有經過規劃，而規整的城市交通道路一定是事前規劃好的。這提示我們，領導者如果深謀遠慮，具有長遠的策略眼光，就能夠為組織設計出寬廣規範的道路，使大家和諧地存在，這就是「善」。追隨者是把領導的設計圖紙變成現實的人。

道是規律，是自然規律，是事物發展的規律。如果樹根是道，那麼樹幹就是善，樹冠就是德，也就是說樹枝、花、果、葉是德，是規律的表現。人人都向善，吉祥滿乾坤。一個人人心善的地方，一定是可以放心的地方。

六、德

「德」字左邊是兩個人，表示人與人之間的關係。人有四個心：手心、腳心、頭心、心。「德」字的右邊最上面是加號，表示把四個心加到一起形成一個心，叫一心一意，誠心誠意。故「德」字表示兩個心彼此誠心誠意，心心相印，將心比心，這就是善，也就是恕。「德」字左邊的雙立人也可以表示彼此的關係，包括人與動物、人與萬物、人與空氣、人與土壤、人與水之間的關係，這樣就可以解釋人需要善待萬物、動物、土壤、空氣、水，也是說人對它們要有德，它們也就善待人類了。作用力等於反作用力。人善待萬物，萬物也善待人。

《中庸》中記載：「行遠必自邇，登高必自卑。」遠大的目標要從近處一步步做起。《道德經》中所言：「天下難事必作於易，天下大事必作於細。」遠大目標的實現，不僅僅是領導者的責任，更是每個人的責任。在和諧社會的宏觀框架下，還需要有微觀的細節考慮。追隨者以「細雨潤無聲」的方式教化民眾，讓人們從點滴入手，升起善良之心。由領導者帶頭設計出人人向善的光明大道，以善念教化群眾，讓人們透過找回「視」字上的一點，解決「視而不見、聽而不聞」的問題；透過找回「態」字上面的一點，產生良好的工作與生活的狀態；透過保護好「家」字上面的一點，讓家庭充滿祥和。正如《大學》所言：「一家仁，一國興仁；一家讓，一國興讓。」由此推理出一人善帶動一家善，一家善則家家興善，每家都善則一國皆善。善良的地方是活得放心的地方，追隨道德的地方就是善良並且可以放心的地方。

第二節　追隨者自我提升的需要——打造核心能力

一、追隨者具有工匠精神

追隨者如何在資訊爆炸、全方位加速的環境下創新和創業呢?借鑑井底之蛙的定力培育專家精神，由專家精神而產生工匠精神，由工匠精神自然衍生出企業家精神。由此三種精神創立的企業就會具有核心能力，從而使得自己有放心的地方。

工匠精神來源於手工業時代，是對個體勞動者提高產品品質的褒獎。一百年以後，取而代之的是全面品質管理，爭取第一次就把事情做對。任何一個人，只要小心謹慎，避免犯錯，就已經向零缺陷的目標邁了一大步。如果把精益生產體系充分落實，從缺陷不出工廠到不出工位，就又回歸到了工匠精神。

工匠精神指對工作傾注熱情、一絲不苟而且努力做到極致的態度。這樣的工匠可能不知道許多事情，但是他知道自己的那點事情，他可能只是知道與自己業務密切相關的那些事情，卻能夠認認真真將自己分內的工作做到極致而達到零缺陷。工業、食品、教育、藝術品、服務、餐飲、管理等各行各業，都需要這樣的工匠精神。但在浮躁的社會中，金錢蒙蔽了人們的視線，使人們看不見工匠精神是財富產生的基礎，也忽視了百年老字號是由一群平凡的人所成就的。在平凡中做出不平凡就是不平凡，在簡單中做出不簡單就是不簡單。

天道酬勤，二十四小時思考企業問題的人是老闆，十二小時思考企業問題的人是職業經理人，八小時考慮企業問題的人是員工，兩個小時考慮企業問題的人是臨時工。思考企業問題時間的長度決定了一個人在企業中的高度，思考問題時間的長度決定了其思想的高度。

只有讓浮躁的人心歸於清靜，才有思考的專注。如此，才能夠在大眾創業、萬眾創新的環境中找到自己放心的地方。

二、以井底之蛙的定力培育專家精神

「井底之蛙」的典故出自《莊子．秋水》。莊子說：「井蛙不可以語於海者，拘於虛也。夏蟲不可以語於冰者，篤於時也。曲士不可以語於道者，束於教也。」意思是井底之蛙受到了地理條件的限制，沒有見過世面，眼界不開闊，知識十分有限，見識狹小，不能跟牠談大海。

在英國，也有一個井底之蛙的故事。說的是井底長大的蛙迎來了從海邊山上掉下來的蛙。井底蛙問：「大海有沒有半個井大？」海邊山上的蛙回答：「大。」又問：「大海有沒有一個井大？」答曰：「大。」它又問：「大海有沒有兩個井大？」答曰：「大。」它再問：「大海有四個井大嗎？」答曰：「大。」井底蛙說：「我從來沒有見過那麼大的地方，你的腦袋一定是進水了。」有一天，兩隻蛙被別人打撈上來，到了海邊山上，井底蛙放眼望去，海實在是太大了，比四個井大很多，一驚訝嚇昏過去了。

自古以來，人們一直嘲笑井底之蛙，但換個角度看，井底之蛙是個專家。

井底之蛙從小就生活在井裡，它對井底的環境爛熟於心。雖然井底之蛙不懂大海，也沒有見過高山，但是它對井底的事情很內行。問這樣的「井底專家」海的情況是強人所難。如果問大海邊山上長大的青蛙井底的事，估計也是徒勞的，就算問其關於大海的事，牠也不可能都知道。

在知識爆炸的今天，每個人的知識擁有量都是有限的，大小也如同一口井。「天地之大，人尤有所憾」（《大學》），其實每個人都只是井底之蛙。大多數人只會指責別人是井底之蛙，卻忘了自己也是井底之蛙。給井底之蛙平反以後，就可以得出以下的道理。

井底之蛙是個專家，要想成為專家需要有井底之蛙的定力；每個人的知識有限，都可能是井底之蛙；專家之間要學會尊重，不能以己之長顯人之短，更不能因為別人不知道某些知識就說對方是井底之蛙；不能因為自己知識有限而自卑；以井底之蛙的定力打造職位核心能力，終究對自身有益。

大國更需要工匠，工匠精神是構成大國競爭力的基本細胞，而工匠都是本領域的專家。個人有核心能力，組織和國家才有核心能力。只有借用井底之蛙的定力培育自己的專家精神，才能夠打造個人核心能力。

三、網路時代的淵博產生水面浮萍現象

自從有了井底之蛙的故事，人人都害怕自己成為井底之蛙，於是，有些人整天忙於蒐羅各種網路盛行的新概念，跟風議論，這就是從眾現象。雖然人們知道得越來越多，卻越來越膚淺。其中一個重要原因是網路導致了知識的碎片化，使人們的知識缺乏系統，膚淺而不深入。《道德經》中說：「知者不博，博者不知。」人的精力有限，求博必然難深。特別是負面資訊和負面的語言對人的吸引力更大，充滿負能量，容易讓人產生負面情緒，從而使人不能靜心讀書和思考。人被碎片化的資訊所拉扯，就如同人在一個地方，東走走，西走走，最後在哪個方向上都走不遠，而且暈頭轉向，疲勞不堪，最後自己都不知道自己在做什麼。這種人感覺很忙，卻越忙越空虛、盲目。他們如同牆上蘆葦，頭重腳輕根底淺；好似山間竹筍，嘴尖皮厚腹中空。這種人如水面浮萍，似乎很熱鬧，卻是熱火朝天的孤獨，轟轟烈烈的寂寞。無論走路、坐車，還是吃飯都把頭深深埋在網路世界裡的低頭族在網路的海洋裡只能是水面浮萍，無

法落地生根。

四、欲望無限，資源有限，需要收斂精力

用水澆灌乾旱的土地，土越多，越需要用更多的水來澆灌。如果水量有限，就可能出現雖然土地廣闊卻沒有收成的現象，造成「務廣地者荒」。以吃麵包塗奶油為例，對於一塊奶油來說，麵包越大，奶油塗得越薄。有些麵包得不到奶油，吃起來也就沒有滋味。有限的水只能澆灌有限的土地，有限的奶油只能塗抹有限的麵包，有限的精力只能做有限的事情，手大捂不住天。

今天的我們，讀萬卷書，行萬里路，經歷豐富，閱人無數，以至於欲望無限。但是實現欲望需要資源，凡是稱得上資源的東西都是有限的：能力有限、精力有限、權力有限、財力有限、生命有限，簡稱資源有限。能夠在有限的資源和無限的欲望之間取得平衡，才是幸福的人。資訊量如同土地和麵包，人的精力如同水和奶油，以有限應對無限，永遠在疲於奔命。

莊子說：「吾生也有涯，而知也無涯。以有涯隨無涯，殆已！」知識無限，

第二節　追隨者自我提升的需要—打造核心能力

而生命有限，用有限的生命去追逐無限的知識，會使自己處於危險的境地。在知識爆炸的年代，人人都感到力不從心。於是，有人提出了外包，把知識儲存在電腦裡，放在網路上。張瑞敏先生外號「書痴」，一年讀一百本書，他說：「網路時代，按理說大家更有學習條件了，但大家反而不願意去學習。因為資訊碎片化、時間碎片化，很難集中時間去吸收資訊。而且『記憶外包』，大家把記憶都外包給網路了，覺得反正網路上有，需要的時候再去查。但是這對人的危害是很大的。因為沒有記憶就無法整合知識，就無法生成創新。」

為此，平衡的唯一辦法是集中精力，術業有專攻，才能夠獲得自信和內心的平衡。

社會進步就是提速，創新就是增加資訊量。今天人們面臨的是生活節奏越來越快，資訊量越來越大。交通工具從馬車、自行車、摩托車，到汽車、火車、高鐵、飛機，我們仍然嫌速度不快。越提速人接觸的資訊量越大，對現有的資訊還沒有熟悉、消化和處理，馬上又有新的資訊需要處理。持續不斷的創新，迫使人不得不接受和處理新的資訊。這一切導致人腦處理的資訊量急速增加。電腦不斷升級，人腦卻沒升級，導致人處理資訊的能力與環境的要求不匹配，使人與環境不相適應。這種不適應造成了人們認知能力的下降，人們需要處理的資訊越多，越不能清晰地處理。因此，今天的人容易成為「躁」型人：浮躁、急躁、煩躁、暴躁、焦躁。

由於有大量資訊需要處理，所以要提升速度。提速要創新，引入更多的資訊。如此形成了資訊和提速相互促進的循環，而人的作用就是使這個循環發生。結果是現代人看似淵博，卻流於膚淺。

解決的辦法是，集中精力做滿足三個條件的事情：興趣、能力、回報。寧可被別人說成井底之蛙，也不能失去個人核心能力。這樣就會快樂地在路上，帶著好心情地存在。

五、把感興趣的領域做深是工匠精神

今天是知識爆炸的時代，一個人的精力有限，只有集中精力才能夠成就自己。

第二節　追隨者自我提升的需要—打造核心能力

庖丁解牛就是因為庖丁集中精力和智慧做一件事情，成為領域專家而名垂千古。小人物之所以是小人物，因為他空有大思想。如果小人物有確實的目標，並且能夠把這個目標付諸實施，從而把小事做大，終會成為大人物。如果小人物有太大的不切實際的目標，則容易陷入「老虎吃天，無從下口」的困境。

在西敏寺大教堂（英國倫敦）地下室的墓碑中，有一篇無名氏墓碑文：當我年輕的時候，我的想像力從沒有受到過限制，我夢想改變這個世界；當我成熟以後，我發現我不能改變這個世界，我將目光縮短了些，決定改變這個國家；當我進入暮年的時候，我發現我不能改變我的國家，我的最後願望僅僅是改變一下我的家庭。但是這也是不可能的；當我躺在床上、行將就木的時候，我突然意識到，如果一開始我僅僅去改變我自己，然後作為一個榜樣，我可能改變我的家庭，在家人的幫助和鼓勵下，我可能為我的國家做一些事情。然後誰知道呢？我甚至可能改變這個世界。

當年的曼德拉看到這篇碑文時，頓然有醍醐灌頂之感，聲稱自己從中找到了改變整個南非，甚至整個世界的金鑰匙。回到南非後，這個志向遠大、原本贊同以暴制暴填平種族歧視鴻溝的黑人青年，一下子改變了自己的思想和處事風格。他從改變自己、家庭和親朋好友著手，經過幾十年，終於改變了他的國家。

人人想創事業，卻不知道事業是由「小事」發展起來的。

一個人炒菜，自己吃了，這叫「小事」。如果這個人炒菜，大家都吃，那就是餐飲業。一個人把籃球丟到籃球框裡，無人觀看，這個人做的就是「小事」。如果這個人把籃球丟到籃球框裡，全世界人民都在看，這個人做的就是事業。如果諸葛亮跟一個牧童講話，牧童每聽一次、激動一次，就算激動到死，諸葛亮也還是個山野匹夫。但諸葛亮講給劉備聽了，成就了蜀漢，諸葛亮就成為了丞相。因此，「事業」與「小事」沒有本質的差別，只有量的差別。一個人要發現自己感興趣的領域，使自己成為該領域的專家，才會對別人有價值，才會對別人有用，才有德。德就是彼此真誠相待、相互成就、相互信任，從而凝聚人氣。人氣旺則財氣旺，正如《大學》所言：「有德此有人，有人此有土，有土此有財，有財此有用。」

我們如何成就自己？《道德經》記載：「九層之臺，起於累土；千里之行，始於足下。」《中庸》中也說：「行遠必自邇，登高必自卑。」因為人的手小，一次只能抓一把土，只有日積月累，才能夠「積土成山，風雨興焉」（《荀子》）。在累積核心能力階段，從小事做起，找到感興趣的點，專心致志把這點做深，就是工匠精神。大國需要工匠精神，在大國中有價值地存在就是要把自己打造成工匠。只有擁有職位核心能力，才會具有職位勝任力，才能放心地存在。

六、由工匠精神而產生企業家精神

根據「事業」與「小事」的區別，可以提出做事業的思路：

1．找到感興趣的領域，使自己非常熟悉這個領域，這叫專家精神；
2．在感興趣的領域做深，這叫工匠精神；
3．把做深的領域放大，叫企業家精神。

找到感興趣的領域需要個人智慧和專家的眼光，要考慮興趣、能力和回報。孔子說：「知之者不如好之者，好之者不如樂之者。」在感興趣的領域做深，需要努力，需要工匠精神，需要集中精力，真誠面對，所謂「誠則明，明則誠，誠則成，不誠無物」（《中庸》）。天地不誠不能育萬物，聖人不誠不能化萬民。厚積薄發，日久必有所成。如果要達到更大的目標，要用企業家精神凝聚價值觀彼此認同的人共建平臺才能實現。

醫院之所以分科，是因為每個醫學領域都很精深，一個醫生只有把所有的精力集中在自己的領域才能夠滿足病患的需求。實際上，幾乎每個醫生都只熟悉自己的領域，所以，當患者做完全方位檢查以後，醫院常組織相關的專家會診，讓每個專家從自己的專業視野提出見解，再相互討論，綜合確診。如果每個醫生都是各自領域的專家，都如一口井那樣深，那麼由這些專家組成的醫院就是一個大海，無論多大的船都可以承載，無論多大的魚都可以包容，再難治的病在這裡都可以得到治療。因此，醫院需要的醫生不一定要廣博，但必須專業，只有這樣才能治癒患者的各種疾病。

《道德經》中記載：「不失其所者久，死而不亡者壽。」一個人和一個企業一樣，定位要明晰，同時在本領域內要有深入的研究和累積，才會地久天長，基業長青。工匠精神是本，企業家精神是末，先有本後有末。工匠精神是體，企業家精神是用，有體自然表現出用。工匠精神是根，企業家精神是枝葉，根深則枝葉繁茂，源遠則水流綿長。由工匠精神而產生企業家精神，進而締造的企業具備核心競爭力。

第二節　追隨者自我提升的需要—打造核心能力

找到自己感興趣並且有潛力的領域，這叫專家精神；把自己應該做的事情做到零缺陷，這是工匠精神。聚集一些人把自己深入研究的事情做大，這就是企業家精神。專家是相對雜家而言的，所以專家容易出現，但是專家必須輔助以工匠精神才會成為大家。網路時代，資訊爆炸與社會提速，導致人們面臨欲望無限而資源有限的困窘。如何在這種浮躁的環境下實現創新與創業？井底之蛙的經典案例告訴我們，可以借用井底之蛙的定力培育專家精神，讓自己歸於清靜，集中精力，專注於自己感興趣的領域而成為專家。在這領域做深就是工匠精神，再放大就是企業家精神。由工匠精神自然而然發展出企業家精神。在此三種精神基礎上建立的企業是有精、氣、神的企業，是有核心能力的企業，就可以表現出：有價值、稀缺、難模仿、不可替代的競爭優勢，從而在「大眾創業、萬眾創新」的環境下實現立德、立言、立功。

「人的自信與腰包成正比」是西方過去的理念。「人的自信與其核心能力成正比」是網路時代的新規則。追隨心中的夢想，打造核心能力，自然會從容不迫，心地坦然。

第三節　在追隨中全面完善自己

一、企業法人

有智慧的人追隨的是道，有道則可以舉一反三、窺一斑而見全豹，以洞悉事物的本來面目而完善自己。正如《道德經》所言：「故道大，天大，地大，人亦大。域中有四大，而人居其一焉。人法地，地法天，天法道，道法自然。」企業是法人，董事長是法人代表，企業像一個生命一樣存在於社會之中。因為企業是個法人，所以應該效法人來實現自己，叫企業法人。人與大象同屬於生命體，因此以大象來比喻企業，就可以有更廣闊的理論發展空間。

二、所有的工商管理理論都是盲人摸象

如果把企業比喻成一頭大象，則策略如同象的大腦，負責思考。行銷如同象的眼、耳、鼻，負責觀察和感知環境。溝通如同象的肺，負責內外部資訊的交流。物流相當於象的鼻子，負責供應。文化相當於象的尾巴，負責平衡，在制度覆蓋不到的地方，由文化來指導。財務相當於象的血液，負責資金管理與籌措。研發相當於象的肝，負責造血，推出新的經濟成長點。資訊系統相當於象的神經，負責傳遞資訊連接各個部門。領導力相當於象的心臟，是整個組織的動力源，負責提供動力。

管理是一門不精確的科學，以滿意為準則。雖然企業與大象不能精確比較，但是差不多能夠說明問題。學習了所有的工商管理理論，就相當於掌握了大象的各個器官，隨時可以將之組合成一頭完整的大象。把這頭大象縮小，置於自己手中，則對大象的所有部位一覽無餘，就可以達到《道德經》所描述「治

大國若烹小鮮」的境界。

引入別的企業成功模式相當於幫大象做器官移植。一個破產的企業老闆抱怨說：「你們那套工商管理的東西我不學還好，一學反而把我學死了。」這個老闆的問題是學的是知識而不是智慧。智慧是因地制宜運用知識創造知識的能力。他學的 GE 策略像一頭巨型大象的腦袋，而他的企業同兔子一樣大，將大象的腦袋裝在兔子身上當然不合適。

平衡、和諧，才是企業最終要的結果，不能如同盲人摸象，只顧局部，不顧整體。一個企業把別的企業成功模式引入自己的企業，如同幫大象做器官移植，可能會有排斥反應。例如，考核制如果用得不好，就會大大破壞同事之間的關係。

一個企業如同一個人一樣，都有自己的能力和體力。我們每一個人需要根據自己的能力和體力，去選擇最適合自己的跑步速度、負重，從而讓自己活得更長、更好。

人會生病，企業也可能在某個時候出問題。一個企業的產能增加了，其銷售部門要能夠提高銷售額，物流配送和資金投入也都要相應地增加。如果哪個環節出現了問題，則不能保證企業的正常運轉。

一個企業如同一個人一樣，需要去平衡各個功能器官的能量，互相協調、互相匹配，沒有最好的，只有最合適的。例如，企業有一個特別好的策略，如同人有一個好的大腦，但這個企業還在起步階段，人才跟不上，也就沒有好的領導力，再好的戰備也是水中月、鏡中花，無法應用和實現。企業的領導者會感覺到，自己越學習，員工就越不懂自己，執行力就越差。原因是領導者前進速度太快，其他人跟不上。

現實中的企業，總是在不完美中變得更加強大。企業的領導力很強，如同人的心臟功能很強大，但行銷功能可能不夠好，就如同人的眼、耳、鼻的功能不夠好，這就可能會因為眼力不濟而前功盡棄。

每一個企業的成功模式都無法複製。追隨者必須學習工商管理知識才能開闊視野、開啟智慧，但是不能硬套，必須活學活用，博採眾長。正所謂：「水因地而制流，兵因敵而制勝。」

你就是你，你不能成為別人，你只能成就你自己。

三、博採眾長而長於眾人

以大象比喻企業，則研究企業的工商管理理論都是盲人摸象。掌握工商管理理論以後，還要因地制宜地使用，才能總覽全局。盲人摸像是個普遍的現象，雖然說得天花亂墜、地湧金蓮、泥牛過海、木馬嘶風，但是都不能說透、說全，所以既要讀書又不能被教條所困，既要全面發展又要突出重點。「盡信書不如無書」（《孟子》）。追隨者提升自己的路徑是：以人為鏡、以理為綱、以事為鑒。「見賢思齊焉，見不賢而內自省也」（《論語》）。「見人善，即思齊。見人惡，即內省」（《弟子規》）。始終保持積極的學習狀態，「世事洞明皆學問，人情練達即文章」。窮則獨善其身，達則兼濟天下。在追隨的過程中，既要無我，還要有我。如同一部機器的零件，在隨著引擎的動力運行時，必須無我，放下小我，順勢而動，把自己融入整體，在成就整體時成就自己。同時，必須認清自己是個零件，具有零件的功能。

四、一生無悔

一個人一定要有追求，不能光考慮眼前的利益，僅僅為錢而活。人生的價值，不在於多麼富有，而在於你回頭看的時候，能問心無愧。這樣當你回首往事的時候，就不會因虛度年華而羞恥，也不會因碌碌無為而悔恨。對得起良心，就是在追隨天、地、人之大道。在追隨的過程中不斷完善自己，全面提升自己，就能成為一個牢牢站穩的人。

第二篇　掌握追隨力——提升能力

．心態陽光，朝氣蓬勃產生魅力。

．棋子要服從棋手的布局，否則棄之。

．星星就是星星，星星發光也是在反射太陽的光輝。

追隨分為有效追隨和無效追隨，有效追隨者在成就領導者和組織的同時也成就自己，無效追隨者不能在自己、領導者、企業之間實現良好的平衡。有效追隨者會有智慧避免很多不良心態的產生。上司肩負著引領追隨者到達彼岸的責任，所以不能出錯。上司是更高上司的追隨者，所以也具有追隨者的遠見和包容力。追隨者要幫助領導者走在正確的道路上，在提出建言時要以追隨者的身分定位自己，積極主動工作，幫助領導者分擔壓力，實現在企業中的最佳存在。

第三章　辨明有效追隨與無效追隨

第一節　有效追隨

有效的追隨者在成就領導者的同時也成就自己，更成就企業。領導者與追隨者在同一條船上，保護好這條船，讓這條船安全運行，是領導者與追隨者共同的責任。

- 有效追隨者的行為如下：
- 在沒有監督的情況下，在品質保證下按時完成任務；
- 與其他人建立和諧、互信、互助的工作關係，締造融洽的工作氛圍；
- 行為符合企業的要求；

・公開提供資訊，開放式溝通，對不合理的決策提出異議；
・以自信、非情緒化的方式影響領導者的決策；
・迅速準確領會領導者的意思；
・在需要時能迅速出現在領導者面前；
・能夠成功與企業外部進行資源交換；
・設置與企業目標一致的個人目標；
・積極主動承擔責任，對自己負責；
・能區分領導者和自己的任務；
・知道自己的角色定位是追隨者。

這樣的下屬是自尊自信的，能夠實現個人成長，是未來的領導者。

有效的追隨者，當領導者不在時，他們能兼顧各方，獨立思考並取得成功。他們勇敢、誠實、可靠、精力充沛，並且承擔責任。他們被同級和上級高度重視。這種人擁有較好的心態和光明的未來。他們做事積極主動，自動自發工作，像主角那樣行事，最後也就成了主角。「有為」則「有位」。

第一節　有效追隨

某科技公司有一名員工檢舉公司某團隊抄襲。高層知曉此事後解散了該團隊並通報全公司，讓檢舉人升遷，希望創建公司內部說真話的氛圍。臺積電的公司文化就很能鼓勵公司內部的「有效追隨」行為。管理者要重視對追隨者的塑造，塑造出具有有效追隨行為的下屬。

在一個企業中通常存在四種類型的員工。

1. 敢作敢為型員工：這種人敢作敢為，充滿熱情，願意多做工作，任何事情只要對公司成功有利他們就做。他們高度支持領導者提出的變革，追隨領導者的意志。

2. 開放接受型員工：這種人內心並不存在有關企業發展的目標，但是對別人的勸說持開放態度。

3. 冷嘲熱諷型員工：這種人不喜歡企業變革，對企業實施的變革常冷嘲熱諷。

4. 保守反對型員工：這種人出於個人安全考慮，激烈反對任何變革，不支持領導者的想法。

第三章　辨明有效追隨與無效追隨

領導者顯然需要第一類下屬，他們是有效的追隨者，具有奉獻精神。追隨者在達到目標的過程中起重要作用，沒有追隨者就沒有領導者。領導行為發生在追隨者的活動中，領導者和追隨者密不可分。有效的追隨者不只會說「是」，而且能想領導者所想，急領導者所急。追隨者是領導者角色的補充。在組織中，一個領導者更多的時候是別人的下屬，他總會有一個或者多個上級。因此，發展領導潛力的第一步是讓組織成員成為一個好的下屬。優秀領導者具備的素養，同樣也是優秀的追隨者具備的素養。

追隨力的實質是追隨自己心中的夢想。下屬之所以追隨某個上級，是因為上級是他實現目標的橋梁，只有保護和建設好這個橋梁才能夠使他到達彼岸，故追隨不是盲從。上級有錯，下屬必須以足夠的智慧幫助上級，否則上級這個橋坍塌，下屬也必然會被毀滅。故上級有錯誤，下屬要用智慧幫助上級，變盲從為有效追隨。

《孝經》中說：「君子之事上也，進思盡忠，退思補過；將順其美，匡救其惡；故上下能相親也。」君子應該怎樣本著事親的心來對待君王呢？這裡並

第一節　有效追隨

不是指上朝時，表現誠心，而是指上班時，奉公守職，認真努力，不存欺瞞之心；下班以後，檢討自己的行為過失，有過必改。君王有美德善政，應當順從並堅決執行。如果君王行事有過錯，或政令無益於百姓，臣下應該據理諫諍，設法改正、補救。為臣敢進言，上輔君王；能守職，下顧百姓；兩全其美，所以使上下相親相愛。敬愛君王的心，深藏在心中，雖然身離君王很遠，而心仍然離君王很近。也就是不論在君前君後，忠君的心永遠不變。

如果把君王比作領導者，把君子比作追隨者，則君子一樣的追隨者，會締結相互愛戴與信任的上下級關係。這種信任，不論兩人的物理距離有多大，都不會受到質疑。

如果把許多毛毛蟲放在一個花盆的邊緣上，使其首尾相接，圍成一圈，然後在離花盆不遠的地方，撒一些毛毛蟲喜歡吃的松葉。毛毛蟲會一個跟著一個，繞著花盆的邊緣一圈一圈地走，夜以繼日地繞著花盆的邊緣轉圈，徒勞無功。我們把這種亦步亦趨的行為稱為跟隨者的習慣，把因無效跟隨而導致失敗的現象稱為毛毛蟲效應。

實際上在所有毛毛蟲中，根本沒有領導者，每一個毛毛蟲都是追隨者才會出現這種情況。可以看出，沒有領導者的組織將會一事無成。人無頭不走，鳥無頭不飛。一個國家沒有領導人叫無政府狀態，一群人沒有領導者叫烏合之眾。

假設毛毛蟲中有一個領導者，作為毛毛蟲中的跟隨者，如何發現毛毛蟲領導者在無意義地繞圈呢？在毛毛蟲所能感知的世界裡，它們很可能無法發現或判斷出這是在無意義地繞圈。這就好比在一個企業中，領導者說未來集團的發展方向是國際化，向某產業轉型，收購海外一系列資產。作為一個沒有進入最高管理層的員工而言，受到資源、專業、認知的局限，他將無法判斷領導者的一系列規劃是否正確。對於越遠的未來，追隨者就越難以判斷領導者的規劃是否正確。所以一個好的追隨者一定要比領導者想得更深遠才可能判斷出正確的決定。這要求追隨者能夠跳出企業看企業，跳出產業看產業，跳出自己看自己，站在圈外看圈內。

新生代員工學習力強、利用現代科技的能力強、創新能力強，有效的追隨

第一節　有效追隨

者數量會增加，組織中發生毛毛蟲現象的情況會減少。

在一群羊通過的路上橫放一根木棍，第一隻羊跳了過去，第二隻、第三隻也會跟著跳過去。然後把那根棍子撤走。當後面的羊走到這裡時候，也仍然會像前面的羊一樣向上跳一下。儘管攔路的棍子已經不在了，後面的羊還是重複著前面羊的動作，這叫羊群效應。

羊群效應說的是跟隨現象，說明領導者如何領導，追隨者就如何跟隨。由於領導者過去成功所產生的巨大光環和無限的魅力，其耀眼的光芒導致追隨者不能清晰地看清方向，相信領導者無論做什麼都是正確的，所以會產生羊群效應。而有些獨斷專行和剛愎自用的領導者也鼓勵屬下的盲從，自然有助於形成羊群效應。如果有聰明的追隨者出現，就會打破這種慣性，停止這一盲目的追隨行為。

拓展案例

南美的印第安部落聚集地，由於文明的入侵和開發，原先茂盛的雨林範圍縮小了，林中供捕獲的獵物越來越少，其部落的人數也逐漸減少，最後只剩下少數幾個部落。多年後，一位科學家深入森林，與印第安人交流，記錄他們的生活和歷史。發現各個部落狩獵習慣不一樣。有的部落每次外出打獵，都由經驗豐富的獵人帶路，決定狩獵的路線。有的部落完全聽天由命，信奉神明，每次外出狩獵都由祭司占卜決定狩獵路線。奇怪的是，那些依靠經驗豐富的獵人決定路線的印第安部落最終都滅亡了，而一直沿用占卜方式決定狩獵路線的部落反而存活了下來，有些還逐漸壯大了。這樣的研究結果令科學家百思不得其解。後來他跟著印第安人去狩獵，才明白其中的究竟。雖然豐富的經驗可以少走彎路，但是再多的獵物也經不住再三反覆狩獵，趕盡殺絕也就沒有了食物來源。

滅亡的部落，其滅亡的原因是追隨有經驗的個人，而這個人的經驗又十分有限，導致部落的人追隨的是有限的經驗。有限的經驗會產生錯誤的知識，導致無效追隨。無效的追隨是集體覆滅的原因。而占卜其實是隨機選擇狩獵路

第一節　有效追隨

線，是一種有利於生態平衡的生活方式。在實際生活中，經驗反而是最壞的老師，因為在時刻變化的時代，從來沒有一種事物會一成不變。失敗是成功之母，而有時成功也會是失敗之父。禍兮福所倚，福兮禍所伏。有效的追隨者能夠跳出自己看自己、跳出集體看集體、站出圈外看圈內，從而能夠提出有效的建議，與時俱進，到達彼岸。

企業需要聰明的領導者，也需要聰明的追隨者進行有效追隨。有效的追隨需要智慧，要聰明地工作而不是愚蠢地盲從。會議和培訓是獲取知識、提升智慧的一種方式。

領導者用會議把自己的思想輸入員工的頭腦，如果此時下屬缺乏認真與尊重，實際上是追隨力不足的表現。培訓是領導者借助外部人的口，說出自己的思想，是統一下屬價值觀和形成組織文化的重要活動，此時可以看出下屬的追隨力狀態。

在企業內部講課的時候，如果員工在課堂上迷糊想睡，心不在焉，則說明這個企業的管理團隊非常累，因為員工精神不振奮，缺少追隨力。企業這架馬車前進的動力主要靠管理團隊。如果培訓的是企業管理層，有許多學員在課堂上迷糊想睡，心不在焉，則說明這個企業的高管團隊很累。如果是高管團隊培訓，有許多人迷糊想睡，心不在焉，則說明總經理、董事長非常累。如果是因為講師的課程有問題，那就應另請高明。既然請來了講師，就應該用心培訓。講師之所以能夠在社會上立足，一定有所長處。如果聽課的學員精神飽滿，則講師很有面子；如果聽課的學員迷糊犯睏，心不在焉，則講師很丟臉，很傷自尊。這樣，該講師再次接受該組織邀請的可能性就會降低，這將會阻礙企業影響力的傳播。因為「臉走向有面子的地方，心走向愉快的地方，身走向舒適的地方」。

有的人一開會就睡覺，一讀書就想睡；有的人具有非凡的智慧，讀無字書的能力非常強。但《論語》中說：「學而不思則罔，思而不學則殆。」我們應思考著讀書，才會「學而不厭」。領導者的工作是輸出思想。孟子說：「心之官則思。思則得，不思則不得也。勞心者治人，勞力者治於人。」如果能夠從事腦力勞動，能夠讀書學習而產生思想，則可以做領導者去領導別人；如果不能從事腦力勞動，就只能接受別人的領導。

第二節　無效追隨

無效追隨者的行為通常被動無奈、不負責任，既不能成就自己，也不能成就領導者，更不能成就組織。其行為特點如下：

· 對領導行為進行諷刺和批評，壓制自己的觀點，唯唯諾諾；
· 完全依附上級，讓領導者做屬於自己的決策，而且是立刻執行；
· 被動，沒有指示就不動；
· 把上級錯誤的指示堅決執行到底；
· 事不關己，高高掛起，漠視組織的一些不正常行為；
· 不積極參加培訓，對組織提供的培訓被動接受，動力不足；
· 有時會用一句話來洩憤：「不幹了」。

無效追隨者通常遠離權力中心，疏離組織，心態不積極。換而言之，這樣的人不是追隨者，也成不了領導者。由於心態不積極，他們對個人職業發展和組織目標實現都不利。聰明的下屬為自己工作，而不是為別人工作。為自己工

第三章　辨明有效追隨與無效追隨

作包括提升個人技能，開闊視野，鍛鍊綜合能力，心態積極，提升精神境界，做組織不可或缺的人。《論語》中說：「不患無位，患所以立。不患莫己知，求為可知也。」不用擔心自己是否有位置，擔心的是自己憑什麼能夠立足。不擔心別人不知道自己，擔心的是自己憑什麼被別人知道。當一個人在組織中可有可無、甚至成為組織負擔的時候，離開組織的日子就在眼前。

有效追隨者首先是勇敢的追隨者，必須具備承擔責任的勇氣、服務的勇氣、挑戰的勇氣和參與變革的勇氣，是在追求組織利益和價值中的合作者、參與者、共同領導者和共同擁護者。

追隨者做不到與領導者同進退，沒有參與變革的勇氣，沒有成為領導者在追求組織利益和價值中的合作者，就會面臨被領導者淘汰的危機。

孔子說：「吾道一以貫之。」曾子說：「夫子之道，忠恕而已矣。」「忠」，即是盡己做人；「恕」就是推己及人。曾子說：「吾日三省吾身，為人謀而不忠乎？與朋友交而不信乎？傳不習乎？」這第一省，就是「為人謀而不忠乎？」，可見「忠」字對追隨者很重要。

第二節　無效追隨

有效追隨者的第一要義就是「忠」：忠誠於領導，忠誠於組織。而前提是成就領導者、成就組織、成就自己。

追隨者能有效執行領導者的指令並支持領導者的工作。追隨力是追隨者的一種能力與行為表現。追隨行為包括：追隨者如何承擔與領導者相關的責任、如何與領導者交流、如何解決與領導者相關的問題。

不可把追隨力和「拍馬屁」混為一談。「拍馬屁」是不經過思考和判斷的盲目行為，是「趨炎附勢」；而追隨力，是在有明確的價值判斷的情況下，向領導表忠心。追隨力告訴我們：只有「行」是不行的，還要有「言」，向上級表明自己做了什麼。

有效追隨首先表現在下級追隨上級的時候，要能夠成就上司、成就企業，並成就自己。如果企業遭到了破壞，則上司負有領導責任，不能成就上司，屬於無效追隨。盲目執行上級錯誤的指令，對企業造成破壞，屬於缺少智慧、沒有全局和長遠眼光，不屬於有效追隨。追隨者積極主動，心甘情願，是在沒有任何恐懼和忐忑前提下的自動自發行為。如果是出於對上司的恐懼而採取逢迎行為，則屬於溜鬚拍馬，是一種不負責任的盲從。楊盼盼出於恐懼而對上司盲從的心態，是其被騙的重要原因。對上司有敬畏之心是出於尊重，有恐懼之心可能是心裡有鬼。心中有鬼難做人，心底無私天地寬。路徑依賴理論說：一個人升遷的過程決定了他的領導行為。如果是光明正大升遷的人，其行為也是光明正大的。正如《大學》所說的：「言悖而出者，亦悖而入；貨悖而入者，亦悖而出」。一個人如何作用於別人和社會，那麼別人和社會也會以同樣的方式反作用於他。用欺騙的手法對待別人，也會被別人欺騙。

每個人都是追隨者，領導者對下屬來說是領導者，對其上司來說則是追隨者。一個總是想從上司手裡奪取權力的人，所發出的力不是追隨力，只會引發上司的反奪權行為，從而形成派系之爭。公司內部派系的形成是由於缺乏追隨力，不能維護統一的領導體系和領導人的尊嚴。有點資源就想另立山頭，甚至不惜損害公司利益。

把企業當作個人利益博弈的工具，會讓各方利益相關者都受到傷害。一個人隨著企業地位的上升，胸懷和視野都要昇華。胸懷有多大，事業就有多大。

儒家倡導「內聖外王，聖者為王」。領導者必須具有聖人的智慧和道德，才能保有領導者的地位，叫「德」與「位」配。「德」不配「位」，必有災殃。人間正道是滄桑。領導者以正知、正見、正覺領導企業，才能夠為組織注入浩然正氣，建立由追隨力構成的奮發向上、和諧進取的文化氛圍。

第三節　追隨者注意事項

好的追隨者應注意以下事項。

一、不可功高震主

有了功勞就躺在功勞簿上睡覺，跟領導者也耀武揚威，讓領導者難以管理，這會葬送自己的前程。韓信因為功高震主，被蕭何出謀所殺。其死前才悟到「飛鳥盡，良弓藏；狡兔死，走狗烹；敵國破，謀臣亡」的道理；宋太祖趙匡胤杯酒釋兵權，消除了大臣們因為功高震主而產生的危險。

一名應屆大學畢業生，老闆請他修理一下電腦，他就向老闆要求待遇、權力，令老闆煩悶。這個畢業生有追求，但是方式不對，而且急功近利。如果他修理好老闆的電腦，再修理好其他領導者的電腦，當達到一定數量時，老闆就會安排他成立一個部門，他自然有待遇和權力。

二、不可「貢高我慢」

因為有功於組織，就對自己的團隊成員態度傲慢，會令同事難堪，難以合作，使自己成為孤家寡人。同事是一同做事的人、做共同事業的人，是一種合作、依存、相互砥礪的關係，而競爭機制的引入是為了提升成員的核心能力。要善待同事，因為有了同事才有了自己。如果這個組織只剩下自己，組織也就消失。要想在團隊中生存與發展，就要有平等心。

三、不可過度追隨

在領導者還沒有行動的時候，自己率先行動，搶了領導者的風頭、鏡頭，是追隨者的大忌，如三國時的楊修即是如此。

曹操屯兵日久，欲進不能，欲退不能。夏侯惇入帳，稟請夜間口令。曹操隨口說：「雞肋！雞肋！」於是，夏侯惇傳令眾官，都稱「雞肋」。楊修見傳「雞肋」二字，便讓隨行軍士各自收拾行裝，準備歸程。有人報知夏侯惇。夏侯惇很驚訝，便問楊修：「您為什麼讓大家收拾行裝呢？」楊修說：「以今夜號令看，魏王不日就要退兵。雞肋吃起來沒有肉，丟了可惜。今進不能勝，退又怕別人笑，在此沒有益處，不如早點回去。因此，先收拾行裝，免得臨行慌亂。」當夜，曹操心亂，睡不安穩，便手提鋼斧，繞軍營行走。只見夏侯惇手下軍士在收拾行裝。曹操立即召夏侯惇問其原因，夏侯惇說：「主簿楊修說大王將撤軍。」曹操大怒，問明確有此事，便以惑亂軍心為由，把楊修殺了。

一名領導人的參謀，為領導者寫了一篇文章，卻在領導人講話之前就在報紙上發表，結果這個人被上司開除了。

二〇〇二年二月二十六日，前美國總統布希發表了邪惡軸心說（Axis of evil），這是白宮的參謀、著名專欄作家弗洛姆為布希提出的觀點。而弗洛姆的妻子當天就寄電子郵件給朋友，說是自己的先生創造了總統演說中的這一詞彙。結果弗洛姆被開除出白宮，因為白宮不允許任何人把總統演講中的某些段落歸功於自己。

四、要增光不要爭光

領導者有光彩，則追隨者也有光彩。領導者是公司的頭，代表公司的臉面，領導者臉上有光，則員工也沾光。追隨者與領導者的關係要有正確認知，要到位而不越位，出場不炫耀，做事不搶功。身在兵位，胸為帥謀，但不可心謀帥位。自從有了「不想當元帥的士兵不是好士兵」的說法，很多人幾乎個個都想當頭，而一個組織又不能都是頭，導致平安幸福的狀態不能長久。

五、不可公權私用

以權謀公，可以長久。立黨為公、執政為民就是公心。以權謀私、權力尋租就是腐敗，濫用權力就是胡作非為、仗勢欺人。對各種公權私用的處理都是秋後算帳，雖然悔恨卻已經回天乏術，早知如此，何必當初。明者遠見於未萌，智者避危於無形。上醫治未病。追隨者心中有大目標，把聖人的思想變成自己的思想：「吾日三省吾身」（《論語》），「君子博學而日參省乎己，則知明而行無過矣」（《荀子》）。「莫見乎隱，莫顯乎微，君子慎其獨也。」（《中庸》）「十目所視，十手所指，其嚴乎！故君子慎其獨也。」（《大學》）用聖人的思想經常給自己洗心，則心明眼亮，就可以看清路。

六、不可做山頭主義

《淮南子．本經訓》記載大羿射日的故事：「逮至堯之時，十日並出，焦禾稼，殺草木，而民無所食。堯乃使羿上射十日」。據史料記載，大羿統一了東方各部落方國，組成了一個強大的國家。由於該國家為眾多崇拜太陽的部落方國所組成，在《山海經》中被稱為「十日國」，該九日當為多個部落方國的代名詞，也就是削平了各個山頭才能夠實現統一。這個道理從遠古就已經明確了，天上應該只有一個太陽，太多太陽人民將難以承受。

在企業當中做山頭，會形成派系鬥爭，消耗企業實力。杜拉克的組織設計原則是：統一領導者、統一指揮。政出多門、多頭領導者則下屬無所適從。

七、不要急功近利

如果耐不住性子，急於求成，嫌薪水低、升遷慢，會給人經不起考驗的印象。追隨力是一百減一等於零的遊戲，已經有一百件事情做得很圓滿，但是有一件事情表現出不耐煩，就有可能前功盡棄，企業不會虧待它的功臣。一個人把為企業工作當作是在成就自己，其他待遇自然會到來，這就是「無為而無不為」。

一名剛剛被提拔的處長說：「我曾經一直在爭取和申述，為什麼我做了這麼多事情、熬了這麼久還不提拔我。但是我越是抱怨，越沒有人提拔。然後我不再抱怨，老老實實工作，提升自身技術水準，保持陽光心態，結果反而被提拔了。」

八、清楚自己的定位

追隨者要明確知道自己的角色定位，知道星星就是星星，即便放出光芒也是反射太陽的光輝。棋子就是棋子，棋手就是棋手。棋子必須服從棋手的調動。將軍再勇武也要服從元帥的調遣，追隨者要清楚自己的角色和期望。

第三章　辨明有效追隨與無效追隨

第四章　追隨原理與實踐應用

第一節　風箏原理：上級不能錯

風箏，如果頭正，則尾巴就正；如果頭偏一點，則尾巴就會偏離很遠。領導者如同風箏的頭，追隨者如同風箏的尾巴，上行下效。做領導者的，「其身正，不令而行；其身不正，雖令不從」（《論語》）。領導者要對自己的角色和行為負責，「下之事上也，不從其所令，而從其所行」（《群書治要》）。領導者率先垂範，為了讓自己不出錯，所以要「苟日新，日日新，又日新」（《大學》）。要博覽群書，博採眾長而長於眾人，才能夠成為眾人的領頭人。雖然讀書要多，但是也不是所有書都有益，所謂「非聖書，屏勿視。蔽聰明，壞心志」

（《弟子規》）。只是讀書而不思考，也是沒有用的。「學而不思則罔，思而不學則殆。」（《論語》）要按照荀子的思想去讀書，「君子博學而日參省乎己，則知明而行無過矣」（《荀子》），還要做到王陽明所說的「知行合一」。因為「君子之過也，如日月之食焉。過也，人皆見之。更也，人皆仰之」（《論語》）。領導者因為是高高在上的，就如同太陽和月亮那樣被眾人仰望。如有了過錯，就如同月食、日食一樣，眾人看得非常清楚。如果有了錯誤改正了，那麼眾人也都能夠看得見。因此，領導者確實要成為眾人的榜樣。《孟子》中說：「唯仁者宜在高位，不仁者在高位，是播其惡於眾。」因此，領導者不能錯。

由於領導者具有強烈的光環和魅力，追隨者一般不容易識別其正確與否。因為追隨者認為領導者聰明睿智，做什麼都是對的，所以上行下效。因而領導者要有責任感，你希望別人成為怎樣的人，你就做怎樣的事情；希望這個企業成為怎樣的企業，你就做怎樣的行為；你希望這個國家成為什麼樣子，你就輸出什麼樣的思想、行為、道德。「君子之德風，小人之德草，草上之風必偃。」（《論語》）領導者必須能夠修正自己。「吾日三省吾身」（《論語》）。人到了權力、財富、榮譽的頂峰時，更要自我教育、自我完善、自我提升、自我反省。對照聖人的思想反思自己，把聖賢的思想裝入自己的大腦，用聖人的思想指引自己的行為，就接近聖人了。勝者為王是戰爭年代的規律，聖者為王是和平年代的法則。聖人就是「剩人」，聖人剩下，聖者為王。即使貴為一國首腦，如果達不到聖人的行為與道德，也會自毀前程。只有厚德才可以載物。

有責任感的領導者不會讓自己犯錯誤。「非先王之法服，不敢服；非先王之法言，不敢言；非先王之德行，不敢行。言滿天下無口過，行滿天下無怨惡。」（《孝經》）領導者對自己的言行負責，錯了由領導者擔當。下屬不追隨，是下屬的責任，由下屬擔當。各司其職，各負其責。

第二節　俄羅斯娃娃原理與追隨力

俄羅斯有一種「俄羅斯娃娃」，由一系列大大小小的娃娃構成。大娃娃套小娃娃，小娃娃被完全套住，最後外表只能看見一個娃娃。大娃娃享受了風光，但是也被風和光所累，需要為小娃遮風擋雨。小娃娃雖然少了風光，但是只要認可和接受自己是個小娃，就會得到照顧，這個遊戲就可以持續下去。

這個玩具在職場中的喻意是：上級是「大娃娃」，下屬是「小娃娃」。「小娃娃」接受自己的狀態，就會產生追隨力，讓「大娃娃」感到內在充實。這樣，「大娃娃」會對「小娃娃」放心，進而放權，並放手讓其發展。這樣「小娃娃」就獲得了職位權力而具有領導力，從而獲得最佳存在狀態。一個企業中的總經理是外層最大的「娃娃」，只套別人而不被別人套，最底層的員工屬於最小的「娃娃」，只被別人套而不能套別人，其他各個層次都是既套別人也被別人套。套別人的時候是「大娃娃」，被別人套的時候是「小娃娃」。故「大娃娃」與「小娃娃」是相對而言的。員工升遷的過程就是從「小娃娃」走向「大娃娃」的過程。

俄羅斯娃娃有大娃和小娃，追隨力也有大小。其對應的組合有四種，分別對應成、破、利、害。第一，「小娃娃」有小追隨力，結局是害。這種人處於對自己有害的位置，屬於「小娃娃」的命「大娃娃」的心，也叫小姐的身子丫鬟的命。第二，「小娃娃」有大追隨力，結局是利。這種人心理狀態與職位狀態相匹配，甘做「小娃娃」而有執行力，令上級放心而獲得權力，並可以長期存在

第二節　俄羅斯娃娃原理與追隨力

於組織中。第三，「大娃娃」有大追隨力，結局是成。此種人因為有能力並且與高階一致，將很快晉升到主管的高度，並因為有強的追隨力，會得到主管的三放：放權、放心、放手，最終他將會如魚得水。第四，「大娃娃」有小追隨力，結局是破。這種人因為有能力而很快升至主管的高度，變成「大娃娃」。他因為具有個人核心能力，進而會產生更遠大的目標，而對自己心中的夢想產生追隨力，甚至會與上司分庭抗禮，目的是讓自己成為最大的「大娃娃」。這種人注定要衝破組織，另立山頭，建立新的俄羅斯娃娃體系，成為創業者，如圖4.1所示。

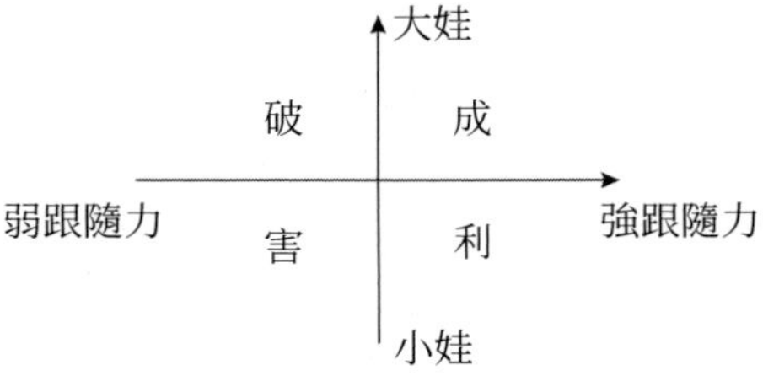

圖4.1　俄羅斯娃娃與追隨力

下面透過對比分析一家公司的兩組人物，來具體闡釋俄羅斯娃娃原理和追隨力在實際工作中的真實性及其運用。第一組人物是小張和小王，第二組人物是小唐和小鄧。

一、俄羅斯娃娃模型中「小娃娃」的追隨力及其存在狀態

員工小張和小王的共同點是：他們均為公司最老的一批員工，於公司改組重建時與主管一道加入公司，最初分別在財務部和人資部工作。從前景來看，由於進入公司早，如果好好做，不出意外，他們將成為公司中高階主管。

他們的不同點：小張，工作能力非常差，但追隨力超強，主管往哪指，她便去哪裡，看上去木訥，反應慢，但是絕不越權，凡事皆匯報，緊跟領導的步伐。小王，工作能力不太強，而且做事畏首畏尾，不敢承擔責任，也不主動做事。主管讓其做什麼，他先想的是這件事對自己有什麼影響，追隨力比較差。

結局：小張，一路跟著領導走來，現在綜合管理部擔任經理，是一個中階管理者。但由於工作能力差，公司領導對小張的實際評價不高，再往上走的可能性比較低。小王，由於追隨力太差，且性格怯懦，不敢做事，高階主管一直想把他踢出團隊。礙於情面一直沒有下手。隨著有能力的員工不斷瓜分小王的業務，他迫於無奈辭職。高階主管在談及小王時，飽含無奈外加輕視。

結論：小張屬於「小娃娃」有強追隨力，在圖 4.1 中處於利的位置。小王屬於「小娃」有弱追隨力，在圖 4.1 中處於害的位置。透過小王和小張的對比來看，僅僅追隨力一條，就讓小張這個工作能力極差的員工在公司站穩了腳跟，雖然無法再進一步升遷，甚至隨著公司的發展，現有職位權力也可能被剝奪一部分，但高階主管願意將此人放在團隊裡，就小張的能力而言，這樣已經很好了。而小王，追隨力太差，又沒有利用價值，只能慘遭淘汰。

二、俄羅斯娃娃模型中「大娃娃」的追隨力及其狀態

小唐和小鄧的共同點：工作能力和學習能力都很強，在公司中數一數二，均是公司領導從著名大金融企業挖來的員工，同在公司擔任部門負責人，智商、情商都相當高。

不同點：小唐的拓展能力及創新能力強，公司多個創新業務均由其主導，他自我意識極強，對業務的掌控欲也很強，雖然追隨力一般，不越權，但經常在權限之內把權力發揮到最大，有時和公司領導的溝通不及時；小鄧的追隨力

極強，業務上基本事無巨細向領導匯報，自己從不拍板，和主管保持絕對的資訊一致，他衝勁略差，不主動承攬業務，也不主動創新。小鄧在現有的規則下工作和人事安排，完全服從上司。

小唐的結局：小唐比小鄧小五歲，晚其一年加入。最開始，他是小鄧的下屬，同時幫公司領導處理一些其他業務。他工作業績特別突出，解決了很多業務上之前無法克服的難題，同時其對業務架構的重塑和梳理，讓工作的運行效率和收益率大大提高。小唐為人較為直接，工作能力強，路行得正，和其他部門溝通有分歧時也是對事不對人，雖然有時話語直接會讓某些同事感到受傷，但得到了大家的普遍認可。他對於領導在業務上的決策只提建議，並不干涉。進入公司一年後，小唐成為公司新建部門負責人，時間上先於小鄧一年成為公司中階。後來債券市場爆發危機，小唐在業務處理和風險責任歸屬問題上，和公司主管發生了巨大分歧。由於小唐不讓步，最終與公司和平「分手」，小唐離職後成立了自己的公司。

小鄧的結局：由於開始人才很少，公司為了留住小鄧，對其職位提升較

第二節　俄羅斯娃娃原理與追隨力

快，但並無實際權力。小鄧為人城府較深，對主管的追隨力很強，事無巨細皆匯報。但是其他部門同事對其評價較低，認為其心眼過多，因此晉升道路並不順利。在小唐被提拔為部門負責人一年以後，小鄧正式成為所在部門的負責人。雖然其他同事不太認可小鄧，但也並不明確反對他。小鄧憑藉超強的追隨力，成為公司中階管理者，步調邁得很扎實，其他人員很難撼動其地位。目前，小鄧仍是公司部門負責人。

結論：小唐屬於「大娃娃」有弱追隨力，在圖 4.1 中處於破的位置。小鄧屬於「大娃娃」有強追隨力，在圖 4.1 中處於成的位置。

這一組人物對比沒有好壞，只是人物的個人選擇不同。小唐喜歡更多的掌控力，因此最終選擇跳出現有的這個「俄羅斯娃娃」系統，自己創業。而小鄧選擇牢牢待在現有的「俄羅斯娃娃」系統中，只要保持追隨力，其位置就很牢靠，遇到風雨也有人遮擋。

下屬把領導者看作「大娃娃」，把自己看作「小娃娃」，則可以使自己產生追隨力。一個人的追隨力不僅影響其權力的獲得，而且很大程度上決定一個人日後的升遷。這種由於追隨力而獲得的權力經過進一步轉化，就可形成領導力。因此，想要做一個好的領導者，先要學會做一個好的下屬。要想做個「大娃娃」，先要學會做「小娃娃」。下屬只有加強追隨力，把領導者的意圖看透，才會受到領導者的重用，獲得權力，形成自身的權威，從而產生領導力。

俄羅斯娃娃原理告訴我們：如果你願意擔當「大娃娃」的責任和苦難，你就去做「大娃娃」；如果你願意有「大娃娃」給你擋風遮雨，你就做「小娃娃」。但關鍵是要認清自己，不要「小娃娃」的命「大娃娃」的心或「大娃娃」的格局「小娃娃」的思維。

第三節　追隨者如何有效提出建議

一、以追隨者角色為自己定位

以追隨者角色出現，清醒認識到自己是個追隨者，目標是成就領導者，而不是顛覆、損毀領導者。一個優秀的組織中只存在兩種人：領導者和追隨者。要嘛領導別人，要嘛追隨別人，處於中間狀態的人，是在把自己邊緣化以至於鬱鬱不得志，最終會出局。領導者是掌握權力的人，其權力有兩種來源：職位權力和個人權力。職位權力包括合法權、獎賞權、強迫權、生態權、資訊權，個人權力包括專家權、參照權。追隨者是指與領導者有共同的利益、信仰、目標的人，即具有追隨力的人。追隨力是有效執行領導者的指令、支持領導者工作的能力，其目標是達到組織目標最大化，最突出的表現就是態度上積極主動。

做領導者之前先做追隨者，就如同做父親之前要先做兒子一樣。領導者與追隨者是相互成就的關係，偉大的領導者成就偉大的追隨者，偉大的追隨者成就偉大的領導者，領導者來自追隨者。

二、無效追隨者的建言損毀組織、領導者和自己

古語云「文死諫，武死戰」，在五千年中華文明史中，敢於直言進諫者何其多，但為人稱道的成功案例並不多。這固然有善於納諫的明君難遇等客觀因素，也和進諫者不善做一個有效的追隨者等主觀因素有關。

一是目的不純。任何建議的最終目的，都應是使領導者接受建議，並做出有利於組織發展的改變。有些諫臣將自己的名譽排在首位，純粹為了青史留名而死諫，完全背離了進諫的應有之義。康熙一朝的于成龍，素有廉潔清名，在進諫時刻意偏袒窮人、百姓，重責官員、士紳，而不問是非曲直、事實真相。康熙多次提醒其應按法律辦事，而非一味袒護弱者，于成龍仍我行我素。康熙無奈嘆道：這樣的清官，求的就是君上治罪。上所治之罪越大，其清名愈盛，百姓愈加擁戴，反襯出君上昏庸無道。這樣的人對領導者實行的是道德綁架，

第三節　追隨者如何有效提出建議

以領導的名譽為要挾，迫使領導者對自己聽之任之，自己雖深孚眾望，卻絲毫無益於組織利益，算不上真正的有效追隨者。有效追隨者進諫時必須公正，只要夾雜哪怕是稍許的私心，其進諫就會使領導者的決策走向錯誤的方向。

二是方式錯誤。即使提出建議的目的公正無私，也可能因為方式失當而不被採納，甚至產生負面作用。

北宋時期的王安石、司馬光均為良臣俊輔，兩人圍繞是否要推行變法結黨而諫，朝局也呈現「改革派」和「守成派」對立之勢。兩人當權時都利用權柄打擊政敵，你方唱罷我登臺，導致人心惶惶，政局不穩，甚至宋仁宗都陷入黨爭之中，無法有效掌控朝中力量平衡，被迫叫停變法。雖然雙方都是從有利於江山社稷的公心出發進諫，但由於採取了黨爭的方式，不僅兩敗俱傷，更影響了政局穩定和國家發展。

三是程度失當。提出建議要讓領導者能夠接受，有時需要點到為止，不能一味糾纏，甚至引起領導的反感。

萬曆皇帝本來是一個聰穎好學、興趣廣泛的少年君主，但當他興致勃勃把自己的書法作品賜給張居正時，張卻以「書法終屬小技，於治國無補」為由勸說其停止練字。後來萬曆對軍事產生了興趣，喜歡「視察」、操練軍隊，這時以申時行為首的眾大臣再三勸誡，稱皇帝舞槍弄棒有損「承平景象」。由於自己的興趣愛好全都被禁止，萬曆最終選擇「非暴力不合作」，找各種各樣的藉口，四十年不早朝。

追隨者如過分糾纏無謂細節，分不清勸誡的公私「邊界」，將會導致領導者不勝其煩，拒絕接受一切建議，效果不佳。更荒謬的是，李時勉在向明仁宗朱高熾進諫時言語過於激烈，導致後者一氣之下病重不起，在病床上仍念念不忘「李時勉居然在朝堂上罵我」，以致活活氣死。這樣的建議把領者本人都氣死了，自然不會造成任何正面作用。

三、有效追隨者建言的三個要點

追隨者要有效地向領導者提出建議需要注意以下幾點。

一是要有針對性，抓住重點。領導者的時間很寶貴，在提出建議之前要分

第三節　追隨者如何有效提出建議

清各類問題的輕重緩急，弄明白矛盾的癥結所在，並簡潔明了地提出有效的解決方法，將良藥用在病灶上。

二是要講究方式、方法。要學鄒忌不直言犯上，而是用自身的事例從側面進諫，生動形象，有說服力。遇到重大而複雜的問題，可分階段提出建議，先讓領導了解一些事實真相，建立起對自己的信任，然後由表及裡、從輕到重，逐步觸及問題本質，並最終提出解決問題的方案、建議。

三是要學會換位思考。要為領導者設身處地地著想，針對領導者的某一行為、決定建言。提建議前，先要充分考慮領導者這樣做的目的、原因，並從維護領導者和企業利益的角度出發。要注意維護領導者的尊嚴，委婉表達。提建議要分場合和時機，因為領導者也有七情六慾，在其情緒良好時提出建議往往事半功倍。

建議＋建議的方式＝有效建議

無效追隨者進諫的內容雖然有利於企業，但是由於其進諫的方式不妥，反而使領導者拒絕接受，抑或接受了也身陷囹圄。有效的追隨者，既要向領導者提出中肯的建議，更要會換位思考，巧妙表達。換位思考要站在自己的角度、領導者的角度、組織的角度、利益相關人的角度、現在和未來的角度全方位系統思考。深思熟慮後的建言才可能成為有效建言，從而建立自己有效追隨者的地位。

拓展案例

在第二次世界大戰期間，史達林在軍事上最倚重兩個人：一個是軍事天才朱可夫，一個是蘇軍大本營的總參謀長彼得魯舍夫斯基。史達林在晚年逐漸變得獨裁，「唯我獨尊」，不允許有人比他高明，更難以接受下屬的不同意見。他這種過分的「自尊」使紅軍大吃苦頭。一度提出正確建議的朱可夫也曾被史達林一怒之下趕出了大本營。

但彼得魯舍夫斯基能使史達林在不知不覺中採納他正確的作戰計劃。彼得魯舍夫斯基的進言妙招之一是潛移默化地在休息中對史達林施加影響。在史達林的辦公室裡，彼得魯舍夫斯基喜歡同史達林「閒聊」，並且會「不經意」地「隨便」說說軍事問題，既非鄭重

第三節　追隨者如何有效提出建議

其事地大談特談，也不是講得頭頭是道。

彼得魯舍夫斯基在和史達林交談時會故意犯一些錯誤，給史達林充分的機會去糾正，表現其英明，然後把自己最有價值的想法含混講給史達林，由史達林形成完整的策略計畫公開「發表」。

由於受了啟發，等彼得魯舍夫斯基走後，史達林往往會想到一個好計畫。過不了多久，史達林就會在軍事會議上宣布這一計畫。史達林的許多重要決策就是這樣產生的。

史達林死後，赫魯雪夫繼任。在一次高階會議上，他大罵史達林剛愎自用，獨斷專行。別人問：「當時你離史達林最近，為什麼不去制止他？」赫魯雪夫厲聲喝問道：「誰說的？站出來？」沒有人敢於站出來。赫魯雪夫說：「在高壓下誰都不敢說話。」

彼得魯舍夫斯基採用的是「瘋言沙拉」的辦法向上管理。

瘋言沙拉效應是這樣的：言行前後不合邏輯，用不連貫的語言或動作去模糊一個人的意識，然後你所講的事情自然就會進入他的潛意識，則對方就很容易被你說服。

有效的追隨者必須掌握向上管理的智慧，使上司正確引領企業。

彼得魯舍夫斯基就是靠與領導隨意交流，逐步啟發來誘導史達林，使自己的種種想法得以實現，以至於連史達林本人也認為這些好主意是他自己想出來的。這正是彼得魯舍夫斯基成為史達林不可或缺的「有價值」之人的原因。

四、《孝經》論建議

曾子曰：「敢問，子從父之令，可謂孝乎？」子曰：「是何言與！是何言與！昔者，天子有爭臣七人，雖無道，不失其天下；諸侯有爭臣五人，雖無道，不失其國；大夫有爭臣三人，雖無道，不失其家；士有爭友，則身不離於令名；父有爭子，則身不陷於不義。故當不義，則子不可以不爭於父，臣不可以不爭於君，故當不義則爭之。從父之令，又焉得為孝乎？」（《孝經》）

用今天的話說，就是曾子說：「弟子還有一點不太明白，請問子女聽從父母的命令或按他們的要求去做事，就是盡孝了嗎？」孔子回答說：「這是什麼話呀！這話從何說起呢？盲目聽從父母之命，怎麼是孝啊！古時候的天子，任命七位諫諍大臣，即使有不合理的施政，因為有諍臣的諫諍，還是可以及時挽救政務缺失，所以他不會失去天下。諸侯處理國政，設有諍臣五人，即使有錯誤，因受到糾察諫諍，也可以及時彌補過失，所以不至於失去他的國家。卿大夫設有諍臣三人，雖然有不合理的行為，也因為能接受諫諍，所以不至於被罷官免職，失去宗廟的祭祀。身處基層的人士，有能相互糾正勸諫的朋友，道德水準才能日增，祿位才能長久，終身才能保有好名聲，不至於身敗名裂。為人父母的，要是能有子女的勸諫，雖然偶有過錯，也不至於陷入不義的汙泥中。做兒女的，看到父母有不合義理的行為時，應勸阻；做臣子的，看到君王有不合義理的施政時，應勸諍！為人子或為人臣，看到父母、君王有不合理法的行為，當然要諫諍。一味盲從父母或長上的命令，怎能算是盡孝呢？陷父母於不義，怎能算是孝子呢？」

如果把子女比作追隨者，把父母比作領導者，子女順從父母，追隨者服從領導者，都是天經地義的事情。但是，當領導者有錯誤的時候，追隨者要敢於提出建議來修正領導者的錯誤。這是對領導者負責、對自己負責，也是對企業負責。

五、《弟子規》論建議

《弟子規》中說：「親有過，諫使更，怡吾色，柔吾聲。諫不入，悅復諫，號泣隨，撻無怨。」父親有了過錯，兒子要透過勸諫使父親改正，但是方法要得當，要面帶微笑，語言柔和。如果父親不聽，要等待父親心情好的時候再勸諫，要哭著勸告，甚至被父親打罵也沒有怨恨。

追隨者對領導者要順從，但不是盲從。要智慧提建議給領導者。向上諫言很難，並且風險很大。追隨者要對自己的觀點進行充分論證，認真考慮如下的內容：合適的地點、合適的時間、合適的人、合適的事、合適的方式，也就是 5W1H（where，when，who，what，how）。

當然，如果領導者是寬容的，下屬可以自由向上諫言。

六、《孟子》論建議

孟子與齊宣王對話。齊宣王問卿。

第三節　追隨者如何有效提出建議

孟子曰：「王何卿之問也？」

王曰：「卿不同乎？」

孟子曰：「不同，有貴戚之卿，有異姓之卿。」

王曰：「請問貴戚之卿。」

孟子曰：「君有大過則諫；反覆之而不聽，則易位。」

王勃然變乎色。

孟子曰：「王勿異也。王問臣，臣不敢不以正對。」

王色定，然後請問異姓之卿。

孟子曰：「君有過則諫，反覆之而不聽，則去。」

這段對話的白話解釋如下：

齊宣王問有關卿大夫的事。

孟子說：「大王問的是哪一類卿大夫？」

齊宣王說：「卿大夫還有不同嗎？」

孟子說：「有不同。有王室同宗族的卿大夫，還有異姓的卿大夫。」

齊宣王說：「那我請問王室同宗族的卿大夫。」

孟子說：「君王有過失就勸諫；反覆勸諫還不聽從，他們便改立他王。」

宣王聽了勃然大怒。

孟子說：「大王不要怪罪。您問我，我不敢不說真話。」

稍許，宣王臉色正常了，又問非王族的異姓卿大夫。

孟子說：「君王有過錯，他們便加以勸諫；反覆勸諫還不聽，他們便辭職離開。」

領導者如果錯了，下級就要勸諫。如果勸諫不聽，則要麼推翻現有的領導者，要麼自己離開這個領導者。員工應對犯錯的老闆有三種方式：被老闆改變、改變老闆、離開老闆。在企業中，對當前上司不滿意的人，也可以透過轉換部門而更換頂頭上司。在企業當中，同姓的卿大夫指股東、有實力的人、可能聯盟的人、背景深厚的人；異姓的卿大夫指非股東、普通員工、沒有實力的人、不願意聯盟的人。

在溝通機制建設得比較好的公司內，員工可以透過相應的通路向上反映意見。如果領導者因為獨裁而不能聽見下屬的意見，那麼領導者就是把自己置於危險的邊緣。「居上不驕，高而不危；制節謹度，滿而不溢。高而不危，所以常守貴也。滿而不溢，所以常守富也。」（《孝經》）

七、如何追隨能力差、沒自信的上司

拓展案例

領導者馬先生在工作能力、直覺、決策能力上都比較差。他心理成熟度低，缺乏自信，因為其經驗和技能與現在的職位需求不匹配，缺乏成功領導者的經驗。在他過去的工作經歷中，也沒有典型的成功案例。由於其所在的部門工作績效較難衡量，所以部門業績壓力不大。但馬先生不希望下屬快速成長，威脅到自己。由於不自信，所以他不會充分信任他人和授權，並且他只是表面謙虛，內心其實非常固執，不樂意聽取他人的意見。這樣的領導者一般是比較孤獨的，表面強悍、內心恐懼，所以他也需要朋友和依靠。面對這樣的領導者，作為下屬應該怎麼做？

針對這種類型的領導者，要麼遠離、要麼建立信任。從下屬的角度改善這類領導者的成熟度是不可能的，稍有不慎恐怕會被淘汰。下屬可以做的是建立與他的信任，減少其弱點對自己的影響。可以從提升自己的追隨力入手。

第一，要讓領導者找到自信。

1．正確的決策是領導者做出的，即使是自己的建議也要說成是領導者的正確決策。

2．必須要誇獎、欣賞和承認領導者的英明。

3．自身要低調，不能表現出強烈的進取心和出眾的才能。

第二，要讓領導者有培養下屬的動機。

1．承擔繁重的工作，讓領導者產生依賴，願意授權、放權。

2．增加私人溝通，建立私人關係。

3．讓領導者接納自己。

4．與領導者溝通的方式要溫和，必要時做出讓步，不能與他人結盟以壓制上司。

第三，越級溝通。與直接主管的上一層主管建立良好的溝通通路，但不能引起直接上司的反感。

八、做個有價值的追隨者

領導者的時間十分寶貴，當有機會與領導者在一起的時候，要讓領導者感覺與自己分享時間很有價值，這樣自然就會成為領導者的左膀右臂。有價值的追隨者應注意以下幾個方面。

．要以無意的方式說出自己的思想。

- 應在閒談中影響上級，不要使上級有壓力。意見從基層產生，要逐級反映給上級。
- 應讓上級感到與你相處很有價值。
- 不用送禮給上級，但可以給上級「送理」。因為上級需要給他的上級「送理」。
- 向領導者講故事而不是講大道理。
- 被上級提拔後仍要保持昂揚的鬥志，使精神狀態與職位相適應，打造出與職位相適應的核心能力。
- 上級把自己的思想植入下級的腦中用的是領導力。
- 下級把自己的思想輸入上級的腦中用的是追隨力。

拓展案例

喬然先生自幼家境貧寒，憑著自己的天分與勤奮從一名普通職員一路晉升至集團副總經理，然而在任副總經理兩年後，就被撤銷了一切職務，雖然還保留了副總待遇，但最終不得不選擇離職，去

第三節　追隨者如何有效提出建議

一家民營企業任總裁，並且結果也不理想。

二〇〇四年，喬然以筆試、面試均第一名的優異成績應徵進入投資集團工作，勤勉敬業，曾為調研投資某項目，連續工作一百天不休息，深得集團總經理的信任和賞識，成為集團最年輕的中階幹部。

二〇〇八年，越馳投資集團策略調整，實施產融結合，成立金融控股公司，集團任命喬然為金融公司董事長兼總經理。喬然在工作中，追求卓越，決策果斷，具有遠見，體現出很強的領導力，公司業績大幅成長。

與此同時，喬然對下屬的要求變得越來越嚴格，甚至苛刻，動不動就發脾氣，不分場合訓斥下屬。其下屬工作壓力巨大。有一年春節，大年三十，正當大家都歡天喜地準備回家過年時，喬然卻安排一名下屬做投資論證報告。這名下屬老家在離城市有四百多公里的農村，當他身心俱疲趕到家時，家裡的年夜飯都已經涼了，他的心也涼了！不久，該下屬提出離職。當然，陸續離職的還有其他人。

二〇一二年，集團分管投資業務的副總經理退休，喬然被破格提拔為集團副總經理。在提拔他時，省裡上級主管部門有很多人反對。集團董事長為此多次力排眾議，一再堅持，最終喬然成功任副總。喬然任副總後，工作依然敬業，為集團創造了數億的投資增值。

喬然唯一的缺點是脾氣不太好，經常讓上司下不了臺。在一個投資決策會上，喬然與董事長、總經理意見不統一，情緒非常激動，當眾指出董事長發言存在四點錯誤，讓董事長很沒面子，很不愉快。事後，雖然喬然道了歉，但兩人還是產生了隔閡。還有一次，董事長看好的投資案，喬然卻堅決反對，而且當眾表態說：「我就是不同意，大不了我不做了」。最終案子沒能投成。後來證實，此案確實存在非常大的風險，沒有投資，避免了上億元的損失，但董事長並沒有因此而表揚喬然。喬然在公開場合多次提到是自己的堅持避免了上億元損失。另外，喬然還曾在總經理辦公室幾次頂撞總經理。

二〇一四年三月的一天下午，集團召開緊急會議，由集團宣布決定，免去喬然的一切職務。喬然被免職沒過多久，因人事調整，董事長被調到另一個集團任董事長。總經理順理成章接任董事長。

喬然在二〇一四年年底辭職，到一家民營企業任總裁。喬然離開後，總經理職位卻遲遲沒有人選。大家都說，如果未發生上述事件，喬然肯定是總經理的最佳人選。

喬然後來在那家企業工作得並不順利，感受到了更多的人情冷暖，但心態平和了許多……

本案例中，喬然以優異的成績進入投資集團，憑藉耀眼的個人業績和真誠正直的人格，三年就被提拔為部門經理。他對下屬要求十分嚴格，甚至苛刻，動不動就發脾氣，經常不分場合訓斥下屬。由於業績優秀，在董事長的極力主張下，喬然做了集團副總，業績斐然，但經常讓董事長和總經理下不來臺。在董事長高就，總經理升任集團董事長的時候，本應該順理成章做集團總經理的喬然卻提出辭職，失去了極好的晉升機會。

喬然因為有追隨力而迅速得到提拔，擁有了職位權力並做出了很好的業績。但是「官升脾氣長」，他開始產生了傲慢心態，居功自傲而逐漸喪失了追隨力，主要表現在兩個方面：一是自己缺少追隨夢想的動力，不再承載員工的夢想而有更高的追求，不再追求個人魅力的提升和領導能力的提升，對員工缺

第三節　追隨者如何有效提出建議

少關愛之心，對弱勢群體脾氣暴躁；二是對上級領導缺少追隨力，雖然有智慧能夠看透事情的本質，但是其建言的方式不正確，不能以追隨者的身分定位自己，而是以高壓的態勢蔑視領導者的權威，這導致領導者很有壓力。

人情、面子滲透到社會的方方面面，是人際交往的重要媒介。在一個人決策的優先級中，人情、面子和關係往往會超越公平、能力、法治等要素排在前面，這讓人時常感到無奈，卻不得不耗費心力，鑽研其中。其實，這是歷史文化的產物。華人重人情、重面子要從傳統儒家崇尚禮儀、重人情說起，這是思想上的潛移默化，也就是文化基因。案例中，喬然幾次當眾頂撞董事長和總經理，讓領導很沒面子，最終自己沒了位子。「位置決定想法，想法決定位置。」一個人坐在什麼位置，往往會決定他思考問題的角度和範圍。

由於喬然違反了追隨者注意事項，更沒有領會「傲不可長，欲不可縱，志不可滿，樂不可極」的道理，所以其職業生涯遭遇重大的阻力而失敗是必然的。

領導力大師華倫．班尼斯認為：「領導者就是追隨者。」要讓自己成為優秀的追隨者，就要善於塑造並經營自己的形象，善於與他人溝通，改善自己的

第三節　追隨者如何有效提出建議

知識和能力結構，學會承受失敗和挫折，積極主動向上級建言獻策，並且在服從和反對之間進行有效變通，切忌鋒芒畢露，恣意越位，十分的才華十二分的表現，把競爭變為戰爭，對自己缺乏準確定位。此外，最重要的一條是必須正確認知你的領導和上級。案例中喬然扮演了錯誤的角色，擺錯了自己的位置，注定不會成功。

《中庸》中說：「君子素其位而行，素富貴行乎富貴，素貧賤行乎貧賤，素患難行乎患難，素夷狄行乎夷狄。故君子無入而不自得焉。」人必須清楚自己的定位，知道自己在這個地方的角色，迅速進行角色轉換。這樣才能夠使自己的語言符合當前的語境。

給予＋給予的方式＝有效給予

有效追隨者以非情緒化的方式表達自己的建言。喬然缺少管理情緒的能力，建言的方式很不理性、很衝動，雖然給予的內容很正確，但是給予的方式令人不能接受，導致其追隨力無效。因而，喬然需要提升情商。

人的情商高低取決於三個方面：具有豐富的情感、真誠；恰如其分地表達自己的情感，善於處理人際關係；控制好情緒，不讓自己的情緒、情感隨意發洩。

培養情商，需做好以下幾個方面。

一是要真誠對待別人。情感貴在真誠，莊子說：「真者，精誠之至也。不精不誠，不能動人。」《中庸》中說：「誠者，物之終始，不誠無物。」天地不誠不能育萬物，聖人不誠不能化萬民。因此，作為領導者，在待人接物方面一定要真誠，要能讓對方感知這種真誠，這對建立良好的人際關係會造成無形的促進作用。案例中喬然對人真誠直率，所以建立了不錯的人際關係。

二是要善於對他人表達，營造和諧的人際關係。人總是處在一定的社會關係中，其相互交往離不開情感的表達，包括對他人的感激、讚美、不滿等。善於對他人表達自己的積極情感，對營造和諧積極的人際關係有著重要作用。

三是要善於控制好情緒。古往今來，大多數失敗者敗在氣度和情緒上。控制不好情緒不僅會給自己的身心健康帶來不利影響，也會給自己的事業帶來麻煩甚至毀滅性的打擊。

案例中，喬然就是因為不能控制好情緒，本來一片赤膽忠心，滿腔熱血，但卻由於說話沒有技巧，做事不講究方法，最終使事情沒有得到改觀，還與領導發生矛盾，得不償失。因此，我們做事必須符合情理，運用智慧才能成功。

樹可以包容啄木鳥，但是不能包容傷害自己的蛀蟲。如果想讓領導者包容自己，必須讓自己對領導者有利。

第三節　追隨者如何有效提出建議

人的成功，百分之二十取決於智商，百分之八十取決於其他因素，重要的是情商。情商能夠決定一個人和一個組織的成敗。當今時代，政治新常態，經濟新常態，社會新常態，無論是從政還是經商，乃至於我們的日常生活都會面臨許多新挑戰，一個人的情商往往是他立足的資本。事業能否成功，家庭能否幸福，更多的是由情商決定的。論個人的聰明才智，劉邦並不一定超過項羽，但在情商上，劉邦卻遠遠高過項羽，最終劉邦奪得天下。作為領導者，情商顯得更加重要。管理的成功在於對人員的科學運用和布局，以及與下屬及上級的有效溝通，良好的心態和情緒的控制，這些都不是智商所能解決的，都需要很高的情商。

案例中，喬然在與人共事，處理人際關係方面其實做的還算可以。集團內的同事對他的評價算比較高，他也因此和同事關係融洽，多次在集團測試中獲得好成績。但他在管理情緒方面做得不夠好，脾氣暴躁，經常對下屬發脾氣，不夠尊重下屬；與上級主管領導也多次發生矛盾，不能有效向上管理。而這正是他最終被免職的最重要原因。可見，情商對一個領導者來說十分重要。

做人要學著收起鋒芒，做到如《道德經》所說的：「方而不割，廉而不劌，直而不肆，光而不耀。」意思是說要保持方正而沒有銳利的稜角；為人清廉，處事厚道，而不嫉惡太嚴或苛刻太甚；為人正直而不放肆；心性光明而不炫耀。《論語》中說：「恭而無禮則勞，慎而無禮則葸，勇而無禮則亂，直而無禮則絞。」一味恭敬而不懂禮法就會煩勞、憂愁，服務過度就是干擾；過於謹慎而不懂禮法就會顯得膽小怕事；只知道勇敢而不懂禮法就會魯莽惹禍；心直口快而不懂禮法就會傷人。可見，恭敬、謹慎、勇敢、直率，如果不講禮貌、不受禮節的約束，就會變得不文明，甚至不道德，造成人際關係緊張，破壞人際交往中的和諧。

直率的人如果不懂得尊重人的情緒，就會傷人。傷人則缺少人氣，缺少了人氣則人脈不通，最終導致領導力喪失。「政通」與「人和」相輔相成、互為基礎。正如《大學》所言：「有德此有人，有人此有土，有土此有財，有財此有用。」傷人者失去的是德行，道德不厚，即不能厚德載物。

當然，喬然的上級也有問題，心胸狹窄，缺乏對更遠大目標的追隨。領導力和追隨力是基於相互尊重和信任而產生的一種共生關係。優秀領導的職責是使其追隨者更加積極、有創造性，在需要的時候能夠提出建設性的對策。

《道德經》中說：「太上，不知有之；其次，親而譽之；其次，畏之；其次，侮之。功成事遂，百姓皆謂我自然。」最好的領導者是為下屬提供平臺，讓他們在舞臺的邊界內自由表現，這樣他們就會感到是為自己在做事情，而不是在領導者的監督、命令下做事情。

案例中，董事長希望下屬或他人對自己絕對服從、執行，卻較少發揮自身品德、個性、才學等軟實力，即個人影響力的效能，使下屬心悅誠服地追隨。

第三節　追隨者如何有效提出建議

《論語》中說：「為政以德，譬如北辰，居其所而眾星拱之。」領導者只要自己完成一把手的職責，「內聖而外王」，則自然會產生心悅誠服的追隨者。「其身正，不令而行。其身不正，雖令不從。」（《論語》）領導者的德行就如同風，下屬之德就如同草一樣，上行則下效。「君子之德風，小人之德草，草上之風，必偃。」（《論語》）領導者必須明白，成為真正領導者的前提不是擁有下屬，而是擁有追隨者，以博大的胸襟包容下屬以任何方式提出的建議，取其精華去其糟粕，博採眾長而後長於眾人。

作為領導者，更要有追隨力，才能夠打造出高績效的團隊。

要遵循誠愛法則。誠愛法則是企業管理的最高境界。「誠」為基礎，是領導擁有權威、企業擁有凝聚力的保障。調查顯示，在優秀領導者最重要的特質中，真誠排在前列。換言之，領導者對待下屬一定要真誠，以心相交。

要懷著大愛與部下交往。稻盛和夫說：「領導者是以大愛為基礎的獨裁者。」做領導要對下屬發自內心地理解、關懷和體諒。用基督的博愛心、釋迦牟尼的慈悲心、老子的善良心、孔子的仁義心、穆罕默德的惻隱心對待下屬，真正幫助下屬成長，包容下屬的缺點。只有這樣才能強化團隊的凝聚力，有效利用團隊的情感資源去實現共同的目標。集團董事長如果能以大愛之心，重情感，關心喬然，開放包容地與他溝通，可能也不會出現案例中的結果。

孟子說：「行有不得，反求諸己。」目標沒有實現，領導者首先要反省自己。「唯仁者宜在高位」（《孟子》）。董事長能夠提拔手下的人，更要能夠教化提拔以後的人。

領導力的獲得先天占一部分，後天占一部分。對雙胞胎的研究表明，百分之七十的領導能力是可以透過後天培養的，並能夠借助經驗獲得。經驗是最有前景、最具潛力的最強大的領導力發展要素。喬然用自己的經歷為自己累積了經驗，後來他的心態也平和了許多。領導力提升的速度取決於學習能力。學習能力強的人讀書能力強，勇於改正錯誤，故不會總是犯錯。聰明的人把別人的經驗變成自己的經驗，愚蠢的人用自己的錯誤為別人提供經驗。因此，書籍是人類進步的階梯。

第四章　追隨原理與實踐應用

第五章　追隨者的最佳存在方式

第一節　提升追隨力變被動為主動

追隨者朝氣蓬勃、積極主動、心情舒暢地工作，是其在企業中的最佳存在狀態，有利於取得更大的成就。

一個物體如果要運動，必須有動力。此動力有三種：拉力、推力、自己內部發力。

每個人都有自己的習慣，習慣就是慣性。人按照自己的習慣做事，就可以保護自己的面子和尊嚴，使自己處於舒適區；而外力推動的變革，則會使個體喪失自我，走出自己的舒適區，進入不舒服的狀態。人的自我意識越強，越容易抵抗來自組織的變革，逆反心也就越強。這種逆反心來自被動的運動，如果變被動為主動，則逆反心就沒有了，此時領導省力，追隨者省心。

傳統火車車廂是被車頭拉著走的，不是自己主動前行，重量大的車廂具有大的慣性，所以啟動的時候加速很慢，停的時候減速也很慢。火車的車廂對於自己狀態的改變具有抵抗力。這個力就是車廂感受到的壓力。如果車廂被推著走，則會產生反作用力，這時車廂感受到的還是壓力。也就是說，傳統火車的車廂，無論是被推著走還是被拉著走，都會感受到壓力。解決的辦法是車廂自己往前走，由被動變為主動。這樣，車廂和車頭都省力。在組織中，車廂是員工，車頭是領導者。員工提升追隨力，把領導者的目標變成自己的目標，就不會被領導者推著走或者領著走，而是自己主動往前走。這樣，領導者和下屬都沒有壓力。

因此，領導者既不要「管」下屬，也不要「領」下屬，而是要「化」下屬。「化」就是教化、化育、變化，即把下屬心態變成追隨者心態。聰明的員工自己化自己為追隨者，變被動為主動。

高鐵電聯車的車廂是自己主動前行，不是靠車頭帶動，所以，其啟動和停止都是自己的主動行為，對於車頭來講車廂就沒有反作用力。

打造列車車廂一樣的團隊成員，使其主動前行，就不會有逆反心，沒有逆反心則其內心就沒有壓力。

第一節　提升追隨力變被動為主動

企業中的員工感到有壓力，是因為其內心的目標與組織設定的目標不一致，員工覺得是在為別人做事，不是在給自己做事。這時候組織如果採用考核機制，迫使員工去做事，員工就會感到無奈，甚至會帶著怨恨、惱怒去工作，這時在心理上就會形成壓力。解脫這種壓力的辦法有三種：離開這個企業、改變企業以適應自己、改變自己來適應企業。

從A銀行跳槽到B銀行的一位經理問某教授：「某行與我們原來的做法很不一樣，我很痛苦，怎麼辦？」教授告訴他：「改變這個銀行來適應你原來的風格。」他說：「不可能，我的職位太低，沒有那麼大的本事。」教授又告訴他：「離開這家銀行，到別的銀行去。」他說：「剛剛跳槽過來，不能再跳槽了。」教授告訴他：「只有一招了，改變自己來適應這個銀行。」這就是化育達到的結果，把組企業的目標內化成自己的目標，把企業制度規定的行為內化成自己的行為，由「要我做」變成「我要做」，從而實現最佳存在狀態。

人很難同時承受來自身體和精神的兩種痛苦。「痛並快樂」是普通人的境界，「輕鬆並快樂」是高人的境界，「痛苦並痛苦」是愚人的境界。

改變不了事情就改變我們對事情的態度。

馬斯洛需求層次理論說：個人自我價值的實現是最高階次的需求。一個人做事的動機有很多，可以為國家、為人民、為領導者、為同事，但是最重要的動機是為了自己。因此，人無論做什麼，都是為了實現自我價值。個人價值最大化是一隻無形的手。工人把工作幹好，才會得到滿意的薪水，才會繼續受到僱用；老師把課講好，學生才會繼續選修這個老師的課程，這個老師的課才可以持續開下去；領導者在職位上盡職盡責，才會受到下屬的擁護，才會在領導職位上繼續任職，所以他們都是為自己而工作。

每個人都在用自身所在的平臺給自己做事。高難度的指標是在鍛鍊自己的能力。若你完成了考核指標，則可以繼續在這個職位上存在。若你超額完成指標，並且還能幫助別人完成指標，就會更具有職位核心能力，也會受到別人的擁戴而成為領導者。

既然是在給自己做事，就主動去做。像太陽一樣，不用別人考核，自然東昇西落，釋放出光芒和能量幫助萬物生長，並且不求任何回報。一個人因為對別人有用而有價值，認認真真、踏踏實實做好工作，就可以實現個人價值最大化。

第二節　追隨者要抗壓而不是解壓

一、壓力的來源

一個人的壓力有三個來源：被動、成長、能力不足。今天的人普遍感到壓力大，甚至把自己描述為弱勢群體，企圖在知識的茫茫海洋中尋求解壓的靈丹妙藥。壓力是人們在適應環境變化時，所引發的身體和精神上的反應，有壓力代表人不能夠適應當前的環境。

拓展案例

馬鈴薯逐漸長大的過程，就是它把周圍的土壤擠走，占有土壤空間的過程。馬鈴薯的成長力，對於周圍的土壤就是壓力，所以在收穫馬鈴薯的時候，會發現馬鈴薯周圍的土壤比較硬。其周圍的土受到擠壓，會對馬鈴薯產生反作用力。馬鈴薯的成長力與其受到的壓力，大小相等方向相反。所以，馬鈴薯受到的壓力就是自己的成長力。成長就是占有空間，長得越大，受到的壓力越大。

根據上面的案例，可以分析出企業的壓力來源主要有兩個：一個是對手的擴張；另一個是本企業的成長。一個企業的成長，會奪取對手的生存空間而對對手產生作用力，則對手也對該企業產生反作用力，這個反作用力就是該企業受到的壓力，故其成長力就是壓力。如果該企業安於現狀，不成長，則其對手的擴張，就會對該企業產生壓力。故對手的成長力就是該企業受到的壓力。因此，在一個競爭的環境中，企業的成長力就是企業受到的壓力，對手的成長力也是企業受到的壓力。如果企業成長同時對手也成長，則壓力將成倍增加。此時兩強相遇勇者勝，而解壓者必然處於弱勢地位而讓位給抗壓力強的一方。

有一鎮長說：「教授，請你幫我解解壓力。」教授說：「你的壓力來自哪裡？」答說：「我什麼事情都得管。」教授說：「我有辦法幫你解壓，你準備好了嗎？」他回答：「真的嗎？我準備好了，你開始解壓吧。」教授說：「你別做了。」他卻說：「那不行，壓力更大了。」此人是因為能力不足而產生的壓力。在組織這個金字塔中，升不上去有壓力，因為沒有面子。升上去了有壓力，因為沒有膽子。下來了有壓力，還是因為沒有面子。人如果膽子大一點、臉皮厚一點，其應對壓力的能力就會上升。

二、過度解壓的負面效果

今天職場上感受到壓力大的人，都試圖用解壓的辦法來應對壓力，結果可能會產生如下的循環：白天職場壓力大，晚上去 KTV 解壓，卻發現自己唱得

第五章　追隨者的最佳存在方式

最差，由此產生壓力。去餐廳喝酒釋放壓力，卻被別人逼著喝酒，也會產生壓力。去旅遊擺脫酒桌產生的壓力，卻被導遊逼著買東西，又產生了新的壓力。甚至有新員工，因為培訓太艱苦而辭職回家。

人為什麼不耐壓？主要是倡導過度解壓導致承壓力減弱。本來能扛二百斤，解壓以後才扛一百斤。再繼續解壓，最後扛一斤的重量也嫌重。過度關愛使人脆弱，解壓就是降低組織對員工創造業績的需求，持續解壓，這個組織就會讓位給對手。

一個人過度解壓就會變得脆弱，喪失立足的能力，失去個人的價值。一個團隊過度解壓則會變得脆弱，成為一盤散沙，失去團隊的價值。一個企業過度解壓則會變得軟弱，喪失競爭力甚至破產。一個軍隊過度解壓則會變得脆弱，喪失戰鬥力，甚至不堪一擊。一個國家過度解壓則會變得脆弱，把國土拱手相讓、割地求和。一個民族過度解壓則會失去民族氣節，甚至導致民族的消亡。

成功者是因為抗壓而成就了自己，模範人物是因為抗壓而成就了組織，英雄人物是因為抗壓而成就了國家。認識到過度解壓的危險，則有追隨力的人必須喚醒自我面對壓力的鬥志，用古聖先賢的思想開啟抗壓的智慧。

三、用傳統文化提升抗壓的智慧

《孟子》中說：「故天將降大任於斯人也，必先苦其心志，勞其筋骨，餓其體膚，空乏其身，行拂亂其所為，所以動心忍性，曾益其所不能。」這說明苦難成就輝煌。

《道德經》中說：「受國之垢，是謂社稷主。受國不祥，是為天下王。」最高位置的人，他所承擔的壓力是其所有下屬承受的壓力之和。位置越高越孤獨，不能承受這份孤獨，就可能發生危機。能夠承受孤獨的人，才能夠成為最高領導人，孤家寡人實際上是最高領導人內心的真實寫照。

面對壓力，應該用《易經》中的智慧啟發自己：「天行健，君子以自強不息；地勢坤，君子以厚德載物。」而《中庸》中也同樣具有能令我們抗壓的智慧：「天之生物，必因其材而篤焉。故栽者培之，傾者覆之。故大德者必受命。」善待壓力，是與壓力友好相處，也就是對壓力有德。只有那些德行深厚的人，才可以承擔天命。

提升個人能力後壓力自然就相對減小了。螞蟻想透過小河有壓力，鷹即使飛越大河也不稀奇。人有能力則可以輕鬆完成職位所賦予的任務。《論語》中說：「天命不可違。」「不知命，無以為君子也。」「君子有三畏：畏天命、畏大人、畏聖人之言。」天命就是職位所賦予的責任，每個人在每個時刻，都因為擔任一定的角色而承擔天命，不違背天命才是有責任感的人。而完成職位賦予的天命，必須打造職位核心能力，提升遷位勝任力，這樣在競爭中才會讓對手感到壓力，而自己則減輕了對壓力的敏感性。

四、追隨者面對壓力的心態

許多事情原本是中性的，往往是人將其定義了好壞。事情如同一枚硬幣，具有兩面，持積極心態的人看到的是正面，並努力讓負面影響最小化。在生活和工作的巔峰與低谷狀態時，可以用這句話來進行自我調整：別把自己看太重，是好是壞還不知道呢！《道德經》中說：「禍兮，福之所倚，福兮，禍之所伏。」能夠發生在別人身上的事情，也會發生在自己身上，而如何面對則形成了強者與弱者的區別。把順境當作考驗，把逆境當作歷練；把問題當作磨刀石，把智慧當作一把劍。強者眼裡沒有困難，只有問題，勇於面對問題並解決問題，自然能達到「寶劍鋒從磨礪出」的境界。

拓展案例

一家大型國有銀行的分行，組織各單位的領導者到某大學經濟管理學院進行高級管理培訓，共分五批次，每次六十人。原計劃來學習解壓，卻不料學到的是抗壓。當這些領導者都在傳播抗壓理念的時候，整個分行的企業文化就會改變，由逃避壓力的解壓文化，變成了面對壓力的抗壓文化。由於員工的抗壓力上升，業績也就上升了。業績上升則薪酬激勵上升，獲得感上升，感恩之心上升，團隊合作與凝聚力上升，正能量繼續上升，如此形成了良性循環。一個人的思想決定一個人的行為，少數人的行為形成氛圍，多數人的行為形成文化，多個文化形成歷史。這家銀行用抗壓理念，創造了一段抗壓的歷史。

五、抗壓是追隨者的生存能力

雖然到處充斥著「以人為本」的口號，也在進行著員工援助計畫，實際上養兵的目的在於用兵，期望透過善待員工而讓員工承受壓力，實現越來越高的企業目標。雖然講的是解壓，實質卻是要加壓。過度解壓會使員工變得脆弱，也會令員工與領導者都處於崩潰狀態。到處都是水時，必須學會游泳。到處都是壓力時，想解脫已經是徒勞，只能學會適應、抗壓，而不是解壓。組織為員工提供最好的福利時，要讓員工認識到需要提升抗壓能力，否則福利不可持續。適者生存，抗壓已經成為生存的能力。

在不斷發展的社會中，適者生存；在競爭的社會中，強者生存。因此，以陽光心態面對現實，倡導的不是解壓，而是抗壓、耐壓，把在壓力下生存當作新常態。應學會在壓力下生活的快樂，肩上有擔子，心中無壓力。以陽光心態應對新常態，則新常態下的心態就是陽光心態，以「心常態」應對新常態。當在海灘上面對城市背向大海的時候，不是退一步海闊天空，而是轉個視野就海闊天空。改變態度則事情就會改變。樂觀地面對現實，「讓暴風雨來得更猛烈些吧」（高爾基《海燕》）。有壓力標誌著自己在成長，也標誌著自己足夠強大。抗壓會產生攻無不克、戰無不勝的英雄氣概。不經逆境不成熟，不在絕境不醒悟，不受打擊不知辱。沒有艱難困苦，不能玉汝於成。應牢記《弟子規》的忠告：「勿自暴，勿自棄，聖與賢，可馴至。」

面對排山倒海而來的職場壓力，一般人的應對措施主要是解壓。追隨者認為環境中充滿壓力，如果過度解壓，人會變得越來越脆弱。適應壓力就是適應環境，要學會抗壓，把抗壓當作一種生存能力，這才是正確應對壓力的辦法。

第三節　追隨者具有遠見和包容力

一、虛懷納諫而贏得追隨者

追隨者為了成就自己、成就領導者、成就組織，要在適當的時候充當領導者的顧問和教練，看到組織存在的問題要能夠智慧地向領導者進諫。

拓展案例

鄒忌脩八尺有餘，而形貌昳麗。朝服衣冠，窺鏡，謂其妻曰：「我孰與城北徐公美？」其妻曰：「君美甚，徐公何能及君也！」城北徐公，齊國之美麗者也。忌不自信，而復問其妾曰：「吾孰與徐公美？」妾曰：「徐公何能及君也？」旦日，客從外來，與坐談，問之客曰：「吾與徐公孰美？」客曰：「徐公不若君之美也！」明日，徐公來，孰視之，自以為不如；窺鏡而自視，又弗如遠甚。暮寢而思之，曰：「吾妻之美我者，私我也；妾之美我者，畏我也；客之美我者，欲有求於我也。」

於是入朝見威王，曰：「臣誠知不如徐公美。臣之妻私臣，臣之妾畏臣，臣之客欲有求於臣，皆以美於徐公。今齊地方千里，百二十城，宮婦左右莫不私王，朝廷之臣莫不畏王，四境之內莫不有求於王：由此觀之，王之蔽甚矣。」

王曰：「善。」乃下令：「群臣吏民能面刺寡人之過者，受上賞；上書諫寡人者，受中賞；能謗譏於市朝，聞寡人之耳者，受下賞。」令初下，群臣進諫，門庭若市；數月之後，時時而間進；期年之後，雖欲言，無可進者。

燕、趙、韓、魏聞之，皆朝於齊。此所謂戰勝於朝廷。

這個案例符合《孫子兵法》的智慧：「不戰而屈人之兵，善之善者也。」鄒忌見微知著，從日常小事看出大道，諫言獻策，舉重若輕，是高智慧的有效追隨者。今天的追隨者也要學習鄒忌的智慧。

能夠接受下屬諫言的領導者是胸懷寬廣的人，敢於邀請下屬諫言的領導者是自信的人。「建大事者，不忌小怨。」（《群書治要》）相傳堯曾在庭中設鼓，讓百姓擊鼓進諫。舜立誹謗木，讓百姓把批評意見寫在木牌上。因舜名重華，「誹謗木」又稱「華表」，發展到後來，成為宮殿門前的裝飾物。

曾國藩在《冰鑒》中說：「然知天之長，而吾所歷者短，則遇憂患橫逆之來，當忍以待其定。知地之大，而吾所居者小，則遇榮利爭奪之境，當退讓以守其雌。知書籍之多，而吾所見者寡，則不敢以一得而喜，而當思擇善而守之。知事之多，而吾所辦者少，則不敢以功名自矜，而當思舉賢而共圖之。夫如是，則自私自滿之見可漸漸蠲除矣。」有了曾國藩這樣的智慧，則必然會虛懷容物，以博大的胸襟包容各種諫言。

二、能夠承受觸犯逆鱗者可以擔當天命

由於不是所有的追隨者都能夠高情商地進行諫言，也不是所有高情商的諫言都能夠符合領導者的胃口，所以追隨者向上級提建議是很難的事情。韓非子為此寫出了千古絕唱〈說難〉，他認為，說服的真正困難在於明白所要說服對象的主觀好惡，即「知所說之心」。為了說服成功，一要研究對象對於說服的種種反抗心理；二要注意了解對象的愛憎厚薄；三是斷不可觸犯對象的「逆鱗」。

傳說巨龍脖子下都有巴掌大小的一塊白色鱗片，呈月牙狀，俗稱逆鱗。脾氣再好的巨龍一旦被觸及逆鱗，也會爆發出無限龍威，而把觸及逆鱗者殺死，其後將之比喻為人不願讓別人提到或指出的地方。人無論人格多麼高尚偉大，其身上都有「逆鱗」存在。所謂「逆鱗」就是我們所說的「痛處」，也就是缺點。

只有目標高遠和追隨力強大的領導者，才能夠承受別人對「逆鱗」的觸碰，

第三節　追隨者具有遠見和包容力

如唐太宗與魏徵的故事。

魏徵有膽識謀略，善於讓唐太宗回心轉意。他總是犯顏直諫；有時唐太宗特別生氣，魏徵卻面不改色，唐太宗也就息怒了。唐太宗曾得到一隻很好的鷂鷹，放在手臂上把玩，看見魏徵前來，便藏到懷中。於是魏徵奏事故意嘮嘮叨叨，導致鷂鷹最終悶死在唐太宗懷中。

有一次，唐太宗問魏徵：「歷史上的人君，為什麼有的人明智，有的人昏庸？」魏徵說：「兼聽則明，偏聽則暗。治理天下的人君如果能夠採納下面的意見，那麼下情就能上達，他的親信要想蒙蔽也蒙蔽不了。」唐太宗連連點頭說：「你說得太好了。」

又有一天，唐太宗讀完隋煬帝的文集，跟左右說：「我看隋煬帝這個人，學問淵博，也懂得堯、舜好，桀、紂不好，為什麼做出來的事這麼荒唐？」魏徵說：「一個皇帝光靠聰明淵博不行，還應該虛心傾聽臣子的意見。隋煬帝自以為才高，驕傲自滿，說的是堯、舜的話，做的是桀、紂的事，到後來就自取滅亡了。」

還有一次，魏徵在上朝的時候，跟唐太宗爭得面紅耳赤。唐太宗實在聽不下去，想要發作，又怕在大臣面前丟了自己虛懷納諫的好名聲，只好勉強忍住。退朝以後，他憋了一肚子氣回到內宮，見了長孫皇后，氣沖沖說：「我要殺了他，我要殺了他！」長孫皇后問道：「不知道陛下想殺哪一個？」唐太宗說：「還不是那個魏徵！他總是當著大家的面侮辱我，叫我實在忍受不了！」長孫皇后聽了，一聲不吭，回到自己的內室，換了一套朝見的禮服，向太宗下拜：「祝賀皇上」。唐太宗驚奇地問道：「妳這是做什麼？」長孫皇后說：「我聽說英明的天子才有正直的大臣，現在魏徵這樣正直，正說明陛下的英明，我怎麼能不向陛下祝賀呢！」唐太宗破顏微笑，說：「起來吧，我知道了。」

西元六四三年，直言敢諫的魏徵病死了。唐太宗很難過，他流著眼淚說：「夫以銅為鏡，可以正衣冠；以古為鏡，可以知興替；以人為鏡，可以明得失。魏徵沒，朕亡一鏡矣！」

魏徵犯顏直諫，直接勸戒，是剛正不阿的有效追隨者。

領導者要想聽到真實的反饋，需要擴大自己的度量而擴大包容力，提高自己的境界而提高明辨力，增加自己的自信而增加穩定性，確立遠大的目標而強化追隨力。和諧就是每個人都可以暢所欲言。追隨遠大目標的人，要以博大的胸襟包容那些赤膽忠心的追隨者，接納他們的各種意見，從而充分利用追隨者的智慧成就自己。

三、以無私成其私

一個年輕的老闆說：「最近開除了一個博士。這個博士太傲氣了，跟我說話搖頭晃腦，傲慢無禮，否定我提出的想法。」結果該博士去了他的對手那裡。如果他的對手能夠包容這個博士的傲慢無禮，並充分發揮該博士的才能，那麼這個年輕老闆的企業將可能面臨失敗的危險。

領導者不能為了面子，而失去企業的尊嚴。英雄和模範都犧牲了「小我」，成就了「大我」。領導者如果為了組織的遠大目標而丟了一點自己的面子，卻贏得了企業的發展和追隨者的心，這完全是值得的。《弟子規》中說：「能親仁，無限好；德日進，過日少。不親仁，無限害；小人進，百事壞。」不能接受直言相勸，喜歡聽好話的人，慢慢就養成了下屬阿諛奉承的習慣。「人君莫不好忠正而惡諂諛，然而歷世之患，莫不以忠正得罪，諂諛蒙幸者。蓋聽忠難，從諛易也。」（《群書治要》）忠正之言就是磨刀石，領導者的智慧就是一把劍。接受忠正之言就是在磨礪自己的智慧之劍，然後才有寶劍鋒從磨礪出。

領導者擔負著全體追隨者的命運，要有聖人的道德和智慧。《道德經》裡說：「聖人常無心，以百姓心為心。」以無私成其私。由於不用自己的心思考，也就沒有了私心，自然就不會被傷及自尊心。

有大的胸懷、能高瞻遠矚的領導者之所以能夠帶領組織走向輝煌，就是因為他能夠凝聚眾人的力量和智慧，博採眾長，凝神聚力，共同成就。「興國之君，樂聞其過；慌亂之主，樂聞其譽。樂聞其過者，過日消而福臻；樂聞其譽者，譽日損而禍至。」（《群書治要》）領導者的禍患，就是企業的禍患。領導者的福氣，就是全體追隨者的福氣。因此，領導者要職業化，不要情緒化。

孟子曰：「體有貴賤，有小大。無以小害大，無以賤害貴。養其小者為小人，養其大者為大人。」領導者是組織的靈魂和心臟，他已經不能完全屬於他自己和他的小家。領導者自己的小家是小，他所領導的組織這個大家是大；領導者自己的面子和自尊是小，其擔當的責任是大；他自己的個人目標是小，他所承載的全體追隨者的夢想是大。因此，領導者要在關鍵時刻提醒自己做個大我，成就自己的大。

貝包容了沙子而形成了珍珠。樹包容了啄木鳥捉蟲給自己帶來的痛苦而保全了生命。大海包容了百川所以博大。領導者以其智慧、遠見、胸襟，包容其追隨者善意的冒犯而成就其偉大。

人畢竟不是神，會出現錯誤，因此要不斷提升學習力。學習力可以讓人充滿活力。如果自己智慧不夠，度量不大，則容易表現為剛愎自用。

組織中的副職，只有以追隨者的身分定位，才能避免處於尷尬之地。

拓展案例

小王大學一畢業就到某銀行分行工作。分行的情況比較複雜，之前分來的兩名碩士畢業生工作態度吊兒郎當，得隴望蜀，再加上裁員增效的壓力讓員工人人自危，所以從一開始小王就明顯感到群體的排斥情緒。然而非常幸運的是，銀行經理非常重視年輕人，他積極創造條件安排小王在不同的部門和重要工作職位實習。在短短一年的時間裡，小王就全面熟悉了銀行的各項業務。同時由於為人謙虛謹慎、工作踏實肯幹，小王也漸漸獲得了多數同事的認可。小王是個很有事業心的人，他苦心鑽研業務，善於學以致用，經常能為分行的各項業務提出有價值的意見和建議，日漸贏得銀行經理的賞識，不斷被委以重任。他由業務組長、部門經理助理一路升遷至主持工作的部門經理、銀行經理助理。在他參加工作的第五年，總行破格提拔他做銀行經理的副理，小王成為金融系統最為年輕的高階管理人員。

銀行經理四十多歲，為人厚道，從事金融工作多年，有足夠的工作經驗，工作耐心細緻，責任心強，但業務水準一般，處事略顯優柔寡斷。雖然小王被總行正式任命為分行副理，但在他眼裡，小王還是那個小菜鳥，充其量不過是助手，還遠不是合作夥伴，因此，在工作中他時常會忽視小王的建議。銀行經理的態度使得小王更難建立自己的領導威信。由於知識水準、年齡和個性的原因，像銀行經理這種守業型的管理者漸漸不能適應金融業快速發展的需要。隨著小王的日益成長和成熟，銀行經理心裡的危機意識越來越強，對小王的言行和幹部員工對小王的傾向性也越來越敏感。在這種脆弱和非理性的心態下，銀行經理的一些做法和決策常常讓小王覺得非常尷尬。

隨著工作成熟度的日益提高，小王在日常業務決策和緊急事項處理方面漸漸顯現出優於銀行經理的能力。因此，各部門的業務主管傾向於向小王徵求意見、報告工作進度。小王心裡很清楚自己的工作一定要到位不越位、出場不炫耀、做事不搶功。因此，遇到權限範圍以外的情況，小王都會在事前將自己的處理方案向銀行經理匯報，實在事出緊急，在採取應對措施以後，也盡可能在第一時間向銀行經理報告事情的進展情況。雖然小王已經很謹慎處理類似問題，但由於多數部門主管的傾向性過於明顯，再加上個別員工的有意挑唆，小王已經能夠感到銀行經理的不安情緒和極力隱藏的不滿。從工作的角度出發，小王不可能對下屬說「有事去找銀行經理」，但他也不知道如何去消除銀行經理心裡的烏雲。

小王在這家分行已經工作多年，他非常熟悉這裡的人員和業務情況，輕車熟路最容易做出業績。合作多年，銀行經理一直把日常工作交給小王處理，自己只管決定，雖然心存戒備但他也確實離不開小王。從感情上講，小王也說不出另立山頭的話來。但是諸如上述的煩惱又確實讓小王無計可施，尤其是每當銀行經理打著「我和王副理商量過了」的旗號，宣布一些小王從沒聽說過又顯然缺乏合理性的事情的時候，小王就更覺得心灰意冷。

小王之所以發展得好，是因為他對銀行經理具有追隨力，問題出在他提職為副理以後追隨力不足，甚至心中認為自己比銀行經理更優秀和正確，有功高震主的嫌疑。這就使得銀行經理為保住自己的位置而苦心經營，這給小王帶來了很多煩惱。工作中不順的事情如果變成了個人的煩惱，則說明其欠缺領導能力，不能有效解決企業出現的日常問題。小王如果要解決當前的問題，就應重新定位自己，將自己定位成銀行經理的左膀右臂。

第三節　追隨者具有遠見和包容力

第三篇

超越追隨力——最終目標

- 權力如水順勢而動
- 追隨夢想開啟智慧
- 人人都是追隨者

追隨者在追隨的過程中成就自己，由追隨力逐漸發展出領導力，歷經由「我來做、跟我來、給我上」的領導力發展三境界，透過「有為」而「有位」。剛剛進入職場的人，因為有追隨力而提拔到了基層再到中階。中階主管者的領導力重要，但是其追隨力更加重要。在企業中，越是處在高處的人，其領導力和追隨力就越強，以至於很善於領導別人而不用別人領導。總經理追隨董事長，董事長追隨顧客。

第六章　追隨力產生領導力

第一節　領導力的發展

一、領導力發展的三個階段

一個人的領導力發展大致有三個階段：第一階段是「我來做」，做追隨者；第二階段是「跟我來」，做中階主管者；第三階段是「給我上」，做高階主管者。孟子說：「賢者在位，能者在職。尊賢使能，俊傑在位，則天下之士皆悅，而願立於其朝矣。」賢者在上，能者居中，智者在側，工者居下。追隨者根據自己的能力與素養占據合適的位置而各得其所。

拿破崙說，「不想當將軍的士兵不是好士兵」，其英文是「Every French soldier carries a marshal』s baton in his knapsack」，直譯出來大概是「每個法國士兵的背包裡都裝著一隻元帥的權杖」。拿破崙是希望士兵們都可以很努力，下一個被提拔的元帥就很有可能是努力的那個人，每個士兵都有成為元帥的可能。人因為夢想而偉大。那麼，如何努力才可以成為那個「被提拔」的人呢？

基層追隨者：「我來做」，要想被提拔就要做得漂亮。

對於基層員工，最重要的是把該做的事情做好。這時候要表現出很強的追隨力。也就是眼裡有事，上司交代的事情要做好，上司沒交代但該做的事情要主動，但是應事先請示，事後報告。手腳要勤快，多做事，從事中找感覺。這時候，不要討價還價，不要斤斤計較。當逐漸有所累積的時候，可以有更好的方法把事情做得更快、更好。當你可以把自己的工作完成得很好，同時又有一些新的想法，可以把事情做得更好的時候，只要外部條件適當，被提拔只是時間的問題。這在領導力的「領導者提升階段」中屬於第一階段，也就是要「盡己之力」，做好追隨者。

中階主管者：「跟我來」，要組織團隊把複雜的事情做好。

中階主管者一般都是帶領一個小團隊的人，不僅要自己把事情做好，還要有能力組織別人把事情做好，要會做一些跨部門的事情和方案，知道如何來做好這件事情，懂得如何喚起團隊的積極性。這個時候你要考慮的不僅僅是事情，還有人，因為要做的事情更複雜了，任務量可能也更大了，如果還是像在基層一樣自己來做，團隊效率就比較低。團隊的效率是第一位的，這是對下；而對上呢，中階主管者應該承上啟下。「承上」就是把第一線的事情反饋給上級，同時把自己的解決方案提供給上級。中階容易犯的錯誤是要麼沒有將資訊直接反饋給上級，要麼反饋給上級的是問題，而沒有提供解決問題的方法。面對問題，下級應想出若干解決方案，把選擇權交給上級。在這個階段，下級如果可以幫助上級出具解決問題的方案，同時又可以帶領團隊達成目標，就離「被提拔」不遠了。這個階段屬於「領導者提升階段」中的第二階段，要在「盡己之智」的同時「盡人之力」。

一般而言，這個階段最難突破的有兩個難點：一是外部環境影響，越往管理金字塔上面走，所需要的人會越少；二是這個階段「承上啟下」的難度最大，要求個人的追隨力和領導力都非常出眾。

高階主管者：「給我上」，制定策略，識別不同的人，讓不同的人發揮不同的作用。

對於高階而言，把合適的人放在合適的位置上非常重要。對於做事而言，還要考慮的不僅僅是現在的事情，還有未來的事情；不僅要考慮確定的事情，還要考慮不確定的事情；不但要布局將來，識人善用，同時還要有一顆包容之心，容得下不同的人。在這一點上，漢朝開朝之帝劉邦就是一個典範。《史記．高祖本紀》記載，劉邦說：「夫運籌策帷帳之中，決勝於千里之外，吾不如子房。鎮國家，撫百姓，給饋餉，不絕糧道，吾不如蕭何。連百萬之軍，戰必勝，攻必取，吾不如韓信。此三者皆人傑也，我能用之，此吾所以取天下也。」與之形成對比的就是項羽。項羽更年輕、更善戰，但是他只能容得下跟他一樣的人。他已經到了高階，還是把自己當中階，自己親自帶團隊，而不是想如何

「盡人之智」。

以上是按照「領導者提升的階段」來分析一個員工，從基層如何一步步「晉升」的過程。當然，在實際的職場中，還有很多其他的影響因素，但總結起來，每個階段的任務大致相近，只不過每個人的機遇不同，每個公司的環境和文化不同，也存在著有的人做到了沒被提拔，或者有的人沒做到也被提拔了的現象，這在管理學上叫「彼得原理（Peter Principle）」。

勞倫斯．彼得（Laurence J. Peter）透過研究企業中人員晉升的現象後得出結論：「在各種組織中，由於習慣提拔某個等級上稱職的人員，因而員工在向上爬的過程中，總是趨向於被晉升到其不稱職的位置。」破解彼得原理的辦法是提升學習力，打造與職位相適應的核心能力，這樣的人一直可以得到提拔，可以持續為企業帶來競爭力。

如果拿破崙說的真的是「不想當將軍的士兵不是好士兵」，那麼只想「做好士兵」的士兵就不是好士兵嗎？現在組織越來越扁平化，更多的人只能做一個好士兵。在當今以成敗論英雄的功利主義時代，受「官本位」思想的影響，很多人都想成為「將軍」，而願意當好士兵的人反而不多。元帥的任務是排兵布陣，真正完成具體殺敵任務的，還得靠士兵。領導幹部再多，沒有具體做事的員工，這個組織是不能實現其目標的。多數公司已經意識到「專業人才」的重要性，都在人力資源的激勵政策方面進行了重新設計，也就是員工能夠看到的「專業線」晉升。

二、「有為」則「有位」

人需要認識自我，學會定位，科學做人。當將軍，不是想當就能當，能否當個好將軍，取決於人的才能資質。椽子不能做檩，檩不能做柁。帥、將、兵卒不是僅靠機遇和努力就可以轉換角色。劉邦、朱元璋雖然沒有讀過多少書，但就是當皇帝的料。有的人靠努力可以成功，有的人則靠天賦。有的人適合當文官，有的人適合當武將。有的人擅長運動，有的人擅長做後勤。有的人是將才，如韓信；有的人是相才，如蕭何。部隊要有帥、將、校、尉、士，但作為帥、將者只是少數，小卒還是大多數。

第一節　領導力的發展

《論語》裡說：「不患無位，患所以立。」如何立?賢者在上，能者居中，工者居下，智者在側。

賢者在上：賢者即企業的領導者，是帥才。優秀的企業文化離不開高素養的企業領導者。領導者應當是能提出振奮人心的目標，並能吸引追隨者共同工作的人。領導者和追隨者之間的相互信任形成雙向溝通，從而實現共同的目標。

能者居中：能者即企業的將才和棟梁之材。在現代企業中，他們處在經理層的位置，被稱為職業經理人。現代企業對他們的要求越來越高，要求他們文能安邦定企，武能衝鋒陷陣，有經天緯地之才，有摧城拔寨之能。由此可見，現代企業中經營者肩上的擔子不輕。

工者居下：工者即廣大員工。工者居下，並不是把員工看成下等人，可以隨意輕視和壓榨。為什麼中階主管者對基層領導者不客氣，第一是因為這些領導者處於半空中，如果不符合高階主管者的意圖可能會重新成為普通員工，其位置很容易被替代。第二是基層領導者善於自我激勵和自我調節，可以承受來自上司的壓力。在組織中，員工屬於最底層，已經觸底，如果受壓，其反彈力也是最強的，所以最難做的是基層領導者，如領班、組長這類團隊的領導者。

員工是各項管理制度的最終執行者和產品生產者。優秀的企業文化離不開高素養的員工團隊。以人為本，員工是企業的核心，已逐漸成為企業的共識。得民心者得天下。孟子說：「君之視臣如手足，則臣視君如腹心。君之視臣如犬馬，則臣視君如國人。君之視臣如土芥，則臣視君如寇讎。」企業的各級領導都要重視員工團隊的建設，要求廣大員工做到的，領導者自己必須做到。正如孔子所說的：「己所不欲，勿施於人。」「己欲立而立人，己欲達而達人。」

智者在側：智者，智慧的化身，他們是企業中最富有創造力和想像力的人，是研發創新型人才，他們應該是先進生產力和優秀企業管理文化的代表和倡導者。沒有孫武的身經百戰，也就沒有策略和權變管理思想的巨著《孫子兵法》；沒有愛迪生的多項智慧發明，也就沒有通用電器公司的輝煌；沒有美國工程師泰勒對前人管理實踐的分析總結，就沒有現代管理學產生的代表作《科學管理原理》的誕生。因此，許多偉大的變革都是由這些智者促成的，如果沒有他們，人類文明可能要推遲很多年。

兵負責行動，將負責下令，帥負責謀略，領袖負責思想。隨著自己在組織中地位的提升與變化，要打造與職位相適應的核心能力，更要找準自己的定位，「吾日三省吾身」，我們是賢者、能者、智者，還是工者？

人生最大的目標是：「認識你自己。」那些想在職業生涯中更上一層樓的人，不僅僅要學好「硬本領」以盡己之力，更要學一點「軟技巧」以提升「盡人之智」的能力。一個既有專業背景又有綜合能力的人，成為領導者的機率更高。

第二節　領導力來源於追隨力

一、權力如水

追隨力是權力的來源。追隨者積極主動，將上級安排到位的事情做到位，把上級沒有安排到位的事情憑藉自己的判斷做到位，令上司放心、放權、放手，就會得到上司的信任而得到提拔和重用。得到提拔後，就擁有了主管職位，從而可以使用職位所賦予的五種權力：合法權、獎賞權、強迫權、資訊權、生態權，並可強化兩種個人權力——專家權、參照權。領導力來源於權力，沒有權力就沒有資源，就不能滿足追隨者的需求，也就沒有追隨者。沒有權力，就沒有激勵的資源，也就沒有領導力。

童年的孫中山，奶奶幫他做了很多好吃的小吃，讓他用這些小東西吸引別的小孩跟自己玩。孫中山從小就學會了用有形的物質換取人心的追隨，所以當他長大成人後，就可以凝聚很多追隨者而幹一番大事業。奶奶培養了孫中山的

第二節　領導力來源於追隨力

領導力，追隨孫中山的人則名垂千古。

《大學》中說：「德者本也，財者末也。外本內末，爭民施奪。是故財聚則民散，財散則民聚。」孫中山的成功，得益於他追隨大學之道，追隨了人民的意志。

諾貝爾物理學獎得主楊振寧，認為對其一生影響最大的一部著作是《孟子》。稻盛和夫總結自己成功的體會時說：「所有的成功之道，都抵不過八個字——敬天愛人，利他之心。」

水從高處流往低處，如果不伸手接水，則水是流淌不到自己手裡的。伸手接水叫求。權力如水，權力從高處向低處分配，叫分權。如果下屬缺少追隨力，不認可上級，不願意接受上級的領導，甚至忤逆上級，對上級陽奉陰違，上級肯定不會把權力分配給這樣的人。

「在下位，不獲乎上，民不可得而治矣。獲乎上有道，不信乎朋友，不獲乎上矣。信乎朋友有道，不順乎親，不信乎朋友矣。順乎親有道，反諸身不誠，不順乎親矣。誠身有道，不明乎善，不誠乎身矣。」（《中庸》）

為政之道在於平，平則安。平，上下各得其所，上下各得其位，無過也無不及，就是中庸。獲得領導者的信任，才能管理好下屬。追隨者假如不能獲得領導者的信任，不能把領導者的恩惠廣泛傳遞給員工，也不能把員工的實情傳遞給領導者，那麼領導者就不重視他，員工就不服從於他，所以叫「不獲乎上，民不可得而治矣」。要把上級當成資源來對待，因為只有贏得上級的信任才能夠得到資源的支持。

「萬物負陰而抱陽，沖氣以為和。」（《道德經》）陰陽和而萬物生，孤陰不長，獨陽不生。上級在上為陽，下級在下為陰。如果上級嚴重壓制了下級，則陰陽嚴重失衡，陽盛陰衰，就不能有效工作。如下級太強，嚴重擠壓了上級，則陰盛陽衰，也不能有效地工作。

把上下級的關係建設成領導者與追隨者的關係，彼此都出於公心、平等心、畏天愛民之心，自然升起相互尊重之心而同心同德，發展出陰陽平衡的上下級關係。

《論語》中記載了齊景公問政於孔子。孔子對曰：「君君、臣臣、父父、子

第二節　領導力來源於追隨力

子。」公曰：「善哉！信如君不君、臣不臣、父不父、子不子，雖有粟，吾得而食諸？」齊景公問孔子如何治理國家，用今天的話來講，就是孔子說：「做君主的要像君主的樣子，做臣子的要像臣子的樣子，做父親的要像父親的樣子，做兒子的要像兒子的樣子。」齊景公說：「講得好呀！如果君不像君、臣不像臣、父不像父、子不像子，雖然有糧食，我能吃得上嗎？」領導者把領導者做好，追隨者把追隨者做好，就是「君君、臣臣、父父、子子」了，就可以實現領導者與追隨者同心同德。

同心就是都認可同樣的道，擁有共同的價值觀。德就是在道的基礎上產生的心態、語言、行為。同德就是都具有同樣的德行，可以實現「上下同欲者勝」（《孫子兵法》）。

追隨者以追隨者的心態把自己的事做好了，使領導者放心，則權力就會如同水一樣流淌到自己手中。

二、職場新人更需要追隨力

剛剛來到職場上的年輕人，最重要的是追隨力。因為此時的他只是一個新員工，是最基層的人員，需要追隨他的頂頭上司。這時候他的核心能力是聽話出活。隨著能力和追隨力的提升，他就會被領導提拔為一個團隊的領導者。

但是，學校裡的學生們學習和鍛鍊的都是領導力，如擔任學生幹部、組織社團活動、學習領導力開發等，目標都是擔任領導者。結果，當走上職場以後，卻發現職場首先需要追隨力。不但沒有當上領導者，還要接受別人的領導，而且領導的知識面還可能不如自己，這就會導致心理上出現巨大的反差。相當於學習的是如何做領導者，結果卻做了追隨者；原本學習的是如何砸釘子，卻發現自己先要做個釘子，還要發揚釘子精神；原本學習的是如何掄錘子，結果卻發現自己先要做一把錘子；起初學習的是如何成為下棋的高手，但卻發現自己先要做個棋子。

這會導致個性張揚的職場新人心理出現巨大的落差，甚至產生跳槽的想法，結果到另外一個企業後還是要做個追隨者。跳槽三次以後，五年幾乎就過

第二節　領導力來源於追隨力

去了，那些與自己同時入職的、資質不如自己的人，因為腳踏實地累積核心能力，已升入了高階主管，若自己再進行橫向比較，就會更加鬱悶。因此，職場新人要擺正心態，先發揮出追隨力，做個追隨者；有了位置再發揮領導力，做個領導者。

如何跳槽呢？不要因為討厭現在的工作而跳槽，要因為有更喜歡的工作而跳槽，並且要在現有企業中獲得能力提升後再跳槽。原因是各個企業其實都差不多，不僅其產品存在同質化，內部管理也基本上類似。許多企業都用兩種文化來運行企業：績效文化和家文化。

一個旅行的人問一個智者：「前面那個村子的人好不好？」智者回答：「你剛才路過的村子裡的人好不好？」行者問：「他們之間有什麼關係嗎？」智者回答：「如果你感到前一個村子的人好，那麼這個村子的人也會好。如果你感到前一個村子的人不好，那麼這個村子的人也不會好。」這實際上說的是因果定律，你對生活笑，生活也對你笑；你怎樣對待別人，別人也怎樣對待你。這也是作用力與反作用力的原理，愛出者愛返，福往者福來。你釋放出的是負能量，反饋回來的也是負能量。

企業是由人構成的組織，在同樣環境下的人，基本上都具有同樣的文化。企業為了提升競爭力，就要引入考核機制，因此人與人之間產生了比較與競爭關係。單純的競爭不利於組織發展，所以還要引入合作機制；為了成員之間合作的實現，又增加了對於合作的考核。因此，一個組織內的成員之間既要競爭又要合作。如果一個人因為討厭競爭而跳槽，則他在新的組織中感受到的也是競爭；如果因不能合作而跳槽，則他在新的組織中也感受不到合作。換句話說，適者生存。要想生存，就要適應環境。適應能力就是生命力，也是學習力。有生命力才有競爭力。在刀光火石的環境中，才可以鍛鍊出強大的生命力，打造出個人核心能力。有了核心能力以後再跳槽，就會走向更高的平臺。

鴻海的員工提問：「我覺得我的能力很強，在鴻海沒有得到重用，我嘗試跳槽。但是應徵了幾個公司以後，都沒有成功。而鴻海又沒有重視我的能力。怎麼辦？」對這個問題的解釋是：如果你跳槽競聘沒有成功，說明你與競聘同一職位的人比沒有競爭力，你的能力還不夠強。也就是說，你高估了自己的能力，你還應在當前的職位上打造核心能力。簡言之，如果跳槽成功，說明你具有職位核心能力；如果跳槽不成功，說明你缺少職位核心能力。

三、中階主管者追隨力比領導力重要

有些部門經理跟下屬保持高度一致，卻聯合下屬對抗上級的指令。特別是那些很有魅力的部門經理，在部門團隊中深得人心，很容易把部門成員的擁戴當作籌碼對上級說：「我的地盤我做主。」這樣的做法一方面值得肯定，說明他有責任心和能力，能把自己責任範圍內的事情做好；另一方面，也有「山頭主義」的意味。甚至有人對頂頭上司說：「你不要插手我的事情，也不要動我的人。」這更令上級感到棘手。部門經理「山頭主義」是大忌，因為「山頭主義」會妨礙組織的協調，遲早會被削平。李．艾科卡接管克萊斯勒公司的時候，發現公司中存在大量「山頭主義」所造成的危機。於是，艾科卡換掉了各個部門的主管，把這些部門協調起來，最終穩定了局勢。人有能力以後容易犯的錯誤是：以為上級不如自己，要上級聽自己的，抵抗上級的指令，對抗上級的指示。所謂「要君者無上，非聖人者無法，非孝者無親。此大亂之道也」（《孝

第六章　追隨力產生領導力

經》）。這必然引發上級的反感和警惕，甚至有可能激發上級採用政治手段保護自己位置的安全。

所以，當一個人說：「我的地盤我做主」的時候，還應該自問一句：「我的地盤是誰給的？」無論是小的團隊領導者，還是高官，都應該時時用這句話提醒自己。

使下屬與自己保持一致的能力，叫領導力。使自己與上級保持一致的能力，叫追隨力。追隨力越大，獲得成功的機會越大。

中階主管者對上司具有追隨力，則容易獲得上司的信任，其領導力強化，所謂「獲乎上則其民得而治矣」，其必然會被提拔到更高的職位。換言之，中階主管者的領導力來源於追隨力，因為有了追隨力才進一步提升了職位權力和個人競爭力。

領導者是「頭」，追隨者是「左膀右臂」。手腳的任務是不折不扣地執行發出的指令。企業的最高領導者，必須高瞻遠矚，並因此贏得下屬的追隨。如同羊群的領頭羊，它必須具有高於其他羊的智慧，才能夠領導這個羊群走向幸福。

四、董事長和總經理的追隨力比領導力重要

當一個人在企業中達到總經理的高度時，他追隨的是董事長。董事長領導董事會。要達到董事長的高度，或者達到董事長兼總經理的高度，他的領導力和追隨力哪個更重要？

在一個大的組織中，能夠晉升到高管團隊的人，都不缺乏領導力與追隨力，他們已經對各種能力運用得爐火純青，只要有方向，「不須揚鞭自奮蹄」。所以，董事長的工作是為組織指明方向，那麼，董事長追隨的是什麼呢？如果企業內還有上司，董事長就要追隨上司。如果企業內沒有更高的上司，則董事長追隨的就是顧客。

企業如羊群，董事長如領頭羊，顧客如同草地。頭羊只要找到了草地，羊群就會變大，它們就會緊跟頭羊的步伐前進。因為羊群知道，只要跟著頭羊走，就會有草吃。頭羊的信念是「永遠被追趕，從未被超越」。

第六章　追隨力產生領導力

因此，董事長的追隨力比領導力更重要。

以柯達公司的破產為例，他們的高階主管，不缺領導力，缺的是追隨力，缺乏追隨顧客需求的能力。

在底片時代叱吒風雲的柯達公司之所以會破產，並不是因為其技術部門沒有意識到數位相機的優勢或沒有掌握數位相機的技術。實際上，當時的柯達公司已經領先掌握了數位相機的關鍵技術，但是當技術部門希望得到公司更多資金支持的時候，卻遇到了柯達公司高階主管的質疑。公司以營利為目的，當時底片部門營利豐厚，而數位部門卻無法確定自己在三年內就能達到底片部門的盈利水準。於是，柯達領導人認為數位技術潛力有限，不配擁有大量的資金投入，便將大部分資金和研發力量都投入到了如何改善現有底片相機的品質上。後來當數位相機風潮驟起時，柯達的數位產品性能已經不占任何優勢，柯達也從此慢慢退出了歷史舞臺。

領導者站位要高、視野要寬、立意要遠。因此，對董事長而言追隨力十分重要。董事長追隨顧客，只要找到了顧客，就有現金流。有錢就有了激勵的資源，就會吸引人才，高管團隊就會帶領自己的下屬一起追隨董事長，董事長的領導力就會自然產生。

因為顧客忠誠的是自我價值體驗，所以顧客對品牌的忠誠度是不可靠的。當有新產品可以給顧客帶來新的價值體驗的時候，顧客會毫不猶豫地轉向新的品牌。董事長要能夠追隨顧客需求的變化而指出公司的策略方向。因此，董事長要有領導力，但是追隨力比領導力更重要。

企業的領導者必須有追隨力，追隨顧客的需求。只有顧客滿意，企業才有存在的價值。

五、政府領導人的追隨力比領導力重要

企業的高階主管人有可能被提拔為政府的民意代表或政務官，此時他的領導力重要，但是他的追隨力更加重要。《中庸》中說：「凡為天下國家有九經。曰：修身也，尊賢也，親親也，敬大臣也，體群臣也，子庶民也，來百工也，柔遠人也，懷諸侯也。」各地方政府緊緊追隨，才能夠保證社會的和諧。有追

隨力則能夠塑造出四個意識：「政治意識、大局意識、核心意識、看齊意識。」

領導者要常懷四種心——素直的心、包容的心、仁愛的心、負責的心。許多時候做什麼不由我們自己決定，但是這些都不重要，重要的是珍惜生命，做一行愛一行，懷著一種篤定的信念和堅定的力量，為自己摯愛的事業全力以赴，奮鬥一生，這就是生命的價值。永遠面向正前方。

由此看來，每個人都是追隨者，每個人都有追隨力。追隨力就是內心的召喚，就是潛意識，就是從遠古傳承下來的基因，就是人的真我本性所要達到的狀態。追隨力的提出喚醒了我們沉睡的基因，可以讓我們提升精神境界，堅持正確的方向，走在正確的道路上。

追隨人民的意志，就要全心全意為人民服務。如果一個人只能填飽自己的肚子，只能為自己服務，那麼他幾乎是一個乞丐。如果一個人能夠讓全家人吃飽，為全家人服務，他就相當於一個家長。如果一個人能夠讓全村的人吃飽，為全村的人服務，他就是村長。如果一個人能夠為全縣的人服務，他就是縣長。隨著他服務的人越多，他的社會地位越高，其可以影響的資源也就越多，能量也就越大。能夠為全國人民服務的人是總統或總理。

因此，把全心全意為人民服務，當成自己的最高追求，就會讓自己凝聚更多的正能量而走向輝煌。

六、追隨力產生領導力

一個企業必須有一個強有力的領導人。這個領導人必須能夠把高階塑造成價值觀一致、目標一致的高度團結的群體。組織決策時可以充分討論，但是不能出現派系間的鉤心鬥角，否則會內耗嚴重，讓組織遭受損失。

西方學者法約爾（Henri Fayol）提出設計的原則為：「統一指揮、統一領導。」也就是說，企業的全體成員都要維護領導者的權威，都要服從領導者的統一命令，這從上級的視野看是命令，從下級的視野看是被動地服從。如果建立了追隨者心態，則會變被動為主動，就不會出現派系爭鬥和牢騷抱怨，也更能夠激發領導者奮發進取、努力工作。？

第三節　追隨力實現自我偉大價值

一、在追隨鏈中成就自己

從職場新員工，到中階主管、高階主管、董事長、市長、總統，雖然其領導力重要，但是其追隨力更加重要。追隨力是實現自己心中的願景，「己欲立而立人，己欲達而達人」（《論語》）。「立己達人」是華人深刻於骨子裡的一種文化基因。追隨力是積極心態和追求崇高的內在傾向性，就是追隨原生態，追隨真我本性，而本性就是人之初的善性。

領導者在成就自己的同時，也成就他的追隨者。從這個視野看，領導力是成就其追隨者的能力。如果下屬目光短淺，看不到領導者所描述的未來，這時領導者要「獨裁」。稻盛和夫說：「領導者是以大愛為基礎的獨裁者。」

四歲的男孩在河邊玩，隨時有掉到河裡的危險，這時候，父親如果無法勸告他離開，就只能強行讓他離開。這是以父愛為基礎的「獨裁」。領導者內心懷有大愛，就是在追隨善良的本性，就是為員工和顧客創造福祉，為生態帶來和諧。

一群英國人發現自己在歐盟內吃虧，決定舉行公投，脫離歐盟；另外一群人發現英國付出的代價很大，於是出來遊行，表示反對；還有人投了贊成票，卻不知脫歐是怎麼回事。讓一群看不明白未來的人去決定未來，當苦難臨頭的時候，他們會抱怨當時的政府鼠目寸光，缺乏執政能力。領導者要有遠見，要開闊自己的視野，站在未來看現在，用領導能力為人民走向明天的幸福引路。

為了成就下屬，領導者的職責是締造出一個追隨鏈，如圖6.1所示。在這個鏈條中，從上往下的力是領導力，從下往上的力是追隨力。

第六章　追隨力產生領導力

在企業中，這個鏈條的最頂端是客戶，然後是企業的董事長、總經理，然後是高管和部門負責人，然後是班組長，最後是員工。每個中間環節都要承上啟下，對上具有追隨力，對下具有領導力。如果不能發力，則需要調整。每個人都在追隨鏈條上，對上是追隨者，對下是領導者，要知道自己的角色，並及時進行角色轉換，做到承上啟下，德與位配，厚德載物，篤行致遠。汽車的動力來自引擎，最終表現在輪子的轉動上。所有中間的傳動環節，如果不能承上啟下，這個車就不能正常運行。故組織中每個人都要有追隨力，令行禁止，高效運行。

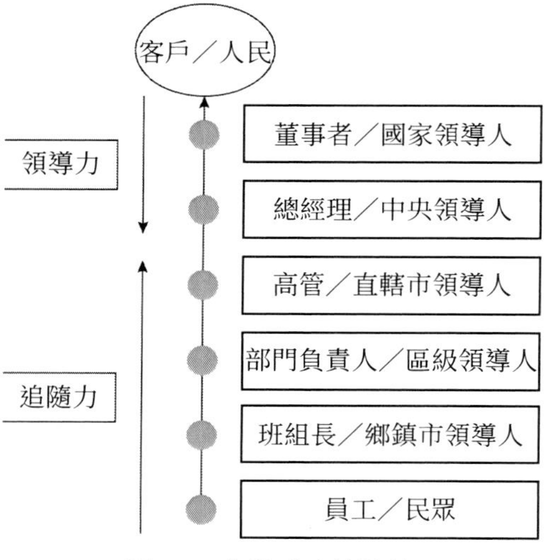

圖6.1　企業/政府追隨鏈

日本有一百二十四萬家企業，一百年以上的企業有兩萬家，兩百年以上的

第三節　追隨力實現自我偉大價值

企業有一千兩百家，三百年以上的企業有六百家，五百年以上的企業有三十家，一千年以上的企業有五家。員工為這樣的企業工作，會產生自豪感。船橋晴雄先生總結日本長壽企業的思想理念包括：神儒佛混雜、日本式心靈、本心思想、道的精神、多神教世界觀、孝的組織觀、商事之菩薩道。

道的精神在日本長壽企業的表現是教育員工在工作中得到解脫，在工作時感到喜悅，自己與他人共生。佛教精神告訴員工，做事業不僅僅是為自己，更是為他人和社會。多神教世界觀教育員工，草木、國土、眾生皆有佛性，要對大自然充滿敬畏之心、珍惜資源、勤勞節儉。孝的組織觀告訴員工，只有企業活得長久員工才能夠長期獲得生活資料，要熱愛企業，為企業多奉獻，就如同孝敬父母，希望父母健康長壽一樣。

船橋先生總結日本企業長壽的祕訣，一共有八條：重視價值觀和對未來的使命感、目光長遠、愛人育人、顧客至上、堅持奉公、不斷變革、質樸節儉、不斷進取。其中第四條就是「顧客至上」，這是從古至今經商的根本，不論在什麼領域、什麼年代，如果不尊重顧客，經營就不可能持續，因為顧客是企業的衣食父母。在上百年的經營過程中，「顧客至上」早已內化為長壽企業無意識的習慣。一家做海帶生意的企業，把仁、義、禮、智、信作為座右銘，「一分錢的顧客亦不可怠慢」「切勿貪圖暴利」「桃李不言，下自成蹊」。只要產品品質令人放心，產生良好的口碑，顧客就會絡繹不絕。細心地為顧客著想，堅持顧客至上，就是追隨顧客。

內心有崇高的追求，用無形的精神力量激勵和約束自己，常懷敬畏之心，真誠地善待員工、顧客和資源，這是永續經營的基礎。再大的企業，如果沒有道德作為思想基礎，就會成為無源之水、無本之木。基礎不牢，地動山搖。「禹湯罪己，其興也勃焉；桀紂罪人，其亡也忽焉。」（《群書治要》）一個企業如果不能反省自我的缺失，不能真誠地面對客戶，而是用虛假的手段去欺矇顧客，必然「其亡也忽焉」。民心就是天心，欺騙民心就是欺騙天心，就是膽大妄為，注定失敗。

企業的追隨鏈最頂端是顧客，而政府領導者追隨鏈的最頂端是百姓，國家追隨百姓的意志。政府代表百姓的利益，執政為民。

第三節　追隨力實現自我偉大價值

老百姓和普通員工追求的是安居樂業、生活幸福，而領導者是他們的引路人。引人走向幸福是最大的善。

對於企業來說，堅持顧客至上，追隨顧客就是追隨規律。

對於政府來說，追隨人民的意志就是滿足人民的需求，民心就是天意，追隨人民的意志就是追隨自然之道，就是道法自然。

追隨者的追隨狀態包括：

1．追隨一個人。忠心耿耿，可以與之上刀山、下火海，在所不惜。在成就追隨目標的同時，也成就自己。

2．追隨一個群體。因為羨慕這群人，所以嚮往自己也成為其中的一分子。

3．追隨一個企業。因為這個企業優秀，所以加入。雖然他未必佩服這個企業中的所有人，但是這個企業的宗旨、願景、價值觀吸引著他。

4．企業的目標與個人目標融合，追隨自己心中的夢想。

5．追隨更高的精神昇華，為更多的人引路。

一個人追隨一個企業的過程：他以追隨者的身分加入這個組織，並貫徹執行這個組織的綱領。隨著他影響力的上升，他在企業中的地位也不斷提升，逐漸獲得更高的職位和更大的權力，並且可以利用他的權力來保證企業的綱領得到徹底的貫徹和執行。這時候他達到了第四級追隨狀態：追隨自己心中的願景。他已經把企業的目標變成了自己的目標，整個企業、各種策略與政策，都是其實現目標的工具。當他的目標基本實現後，他追隨的目標將大幅推進，達到第五個境界：追隨精神的昇華，實現心中的夢想。他會發現不僅要建設物質文明，更要建設精神文明；不僅要實現自己心中的夢想，還要幫助更多的人實現心中的夢想；不僅要實現自己的價值，還要幫助更多的人實現自我價值；不僅要創造顯性的繁榮，更要創造隱性的繁榮。此時，企業的領導者會成為商業領袖，政府領導人則會達到內聖外王的境界。

二、道法自然而成就偉大

《道德經》中說：「域中有四大，而人居其一焉。人法地，地法天，天法道，道法自然。」這是一個追隨鏈。人追隨大地的運行規律，大地追隨天的運行規律，天追隨道的運行規律，道追隨大自然的運行規律。道是率性而為，

第三節　追隨力實現自我偉大價值

自動自發。道能夠生育天地，運行日月，滋養萬物。萬物能夠依據道而生發，且道在所不辭，滋養了萬物卻不自高自大。因為道不自吹自擂，所以道成就了至大。

一個人追隨的是個人的幸福；家長追隨的是全家人的幸福；企業的領導者追隨的是整個企業的幸福；國家領導人追隨的是全國人民的幸福；聖人追隨的是道，是謀求全人類的幸福；而道則追隨的是地球的永遠存在和眾生的幸福。

孫中山追隨的是：「天下為公，世界大同。」

孔子追隨的是「大同世界」：大道之行也，天下為公，選賢與能，講信修睦。故人不獨親其親，不獨子其子，使老有所終，壯有所用，幼有所長，矜、寡、孤、獨、廢疾者皆有所養，男有分，女有歸。貨惡其棄於地也，不必藏於己；力惡其不出於身也，不必為己。是故謀閉而不興，盜竊亂賊而不作，故外戶而不閉，是謂大同。

「天職司覆、地職形載、聖職教化」（《列禦寇》），上天的職責是覆蓋大地，大地的職責是承載萬物，聖人的職責是教化人類。聖人和偉人擔當的天命就是來提升我們的精神境界。如果全人類都具有聖人和偉人所描述的精神境界，大同世界和共產主義社會也就實現了，人類也就進入了最幸福的時代。

聖人和偉人都具有大智慧且能高瞻遠矚，其所追隨的最高境界都是一樣的，只是表述不同。他們追隨的都是道，包括人類社會運行的規律與自然法則。

對最美好社會的嚮往，不僅是聖人和偉人的追求，更是每個地球人的追求！

有追隨力的我們會樹立一個目標：全心全意為人民服務，全心全意為眾生服務。在這個地球上，無論走到哪裡，都可以看到欣欣向榮、繁花似錦、青山綠水、民風淳樸、講信修睦、和平安寧的景象。大道之行，天下為公，這就是大同世界。只要人人都有追隨力，追隨從遠古傳承下來的由聖人和偉人指出的自然之道，大同世界就在眼前！

老子因追隨自然之道而偉大，孔子因追隨人類之道而偉大，悉達多因追隨佛性而偉大，孫中山因追隨世界大同而偉大。一個人要想偉大，必須要有宏偉的夢想和遠大的目標，並且具有強大的追隨力，因為強大的追隨力可以成就個人的偉大和崇高！

電子書購買

國家圖書館出版品預行編目資料

在領導之前：想要升遷，比起領導力，現在的你更需要追隨力 / 吳維庫著 . -- 第一版 . -- 臺北市 : 崧燁文化事業有限公司 , 2022.02

面；　公分

POD 版

ISBN 978-626-332-049-9(平裝)

1.CST: 領導理論

541.776　111000711

在領導之前：想要升遷，比起領導力，現在的你更需要追隨力

臉書

作　　者：吳維庫

發 行 人：黃振庭

出 版 者：崧燁文化事業有限公司

發 行 者：崧燁文化事業有限公司

E-mail：sonbookservice@gmail.com

粉 絲 頁：https://www.facebook.com/sonbookss/

網　　址：https://sonbook.net/

地　　址：台北市中正區重慶南路一段六十一號八樓 815 室

Rm. 815, 8F., No.61, Sec. 1, Chongqing S. Rd., Zhongzheng Dist., Taipei City 100, Taiwan

電　　話：(02) 2370-3310　　**傳　　真**：(02) 2388-1990

印　　刷：京峯彩色印刷有限公司（京峰數位）

律師顧問：廣華律師事務所 張珮琦律師

定　　價：299 元

發行日期：2022 年 02 月第一版

◎本書以 POD 印製